★★★
★"十三五"★
国家重点出版物出版规划项目

ISCRI
INTERNATIONAL SMART CITY RESEARCH INSTITUTE
国际智慧城市研究院
中国生产力促进中心协会
国际智慧城市研究院

智慧城市实践系列丛书

智慧金融实践

SMART FINANCE PRACTICE

主　编　林轶超　武宏伟
副主编　谢雪竹　谢　宾　刘　鹏　郭　梅

人民邮电出版社
北　京

图书在版编目（CIP）数据

智慧金融实践 / 林铁超，武宏伟主编. -- 北京 : 人民邮电出版社，2021.3（2024.7重印）
（智慧城市实践系列丛书）
ISBN 978-7-115-54988-4

Ⅰ. ①智… Ⅱ. ①林… ②武… Ⅲ. ①互联网络—应用—金融 Ⅳ. ①F830.49

中国版本图书馆CIP数据核字(2020)第187830号

内容提要

本书分为三篇，共有11章。第一篇为理论篇，主要介绍了智慧金融的基本概念、智慧金融的基础——金融科技、智慧金融的发展；第二篇为路径篇，主要介绍了通信技术在金融领域的应用、大数据技术在金融领域的应用、云计算技术在金融领域的应用、区块链技术在金融领域的应用、人工智能技术在金融领域的应用、监管科技在金融监管中的应用、智慧银行建设的内容和框架；第三篇为案例篇，通过案例对智慧金融从实践角度进行了说明，展现了应用成果。

◆ 主　　编　林铁超　武宏伟
副 主 编　谢雪竹　谢　宾　刘　鹏　郭　梅
责任编辑　贾朔荣
责任印制　彭志环
◆ 人民邮电出版社出版发行　　北京市丰台区成寿寺路11号
邮编　100164　　电子邮件　315@ptpress.com.cn
网址　https://www.ptpress.com.cn
固安县铭成印刷有限公司印刷
◆ 开本：700×1000　1/16
印张：14　　　　2021年3月第1版
字数：281千字　　　　2024年7月河北第3次印刷

定价：98.00元

读者服务热线：(010)53913866　印装质量热线：(010)81055316
反盗版热线：(010)81055315
广告经营许可证：京东市监广登字20170147号

智慧城市实践系列丛书

编 委 会

申长江　中国生产力促进中心协会常务副理事长、秘书长

聂梅生　全联房地产商会创会会长

郑效敏　中华环保联合会粤港澳大湾区工作机构主任

乔恒利　深圳市建筑工务署署长

杜灿生　天安数码城集团总裁

陶一桃　深圳大学一带一路国际合作发展（深圳）研究院院长

曲　建　中国（深圳）综合开发研究院副院长

胡　芳　华为技术有限公司中国区智慧城市业务总裁

邹　超　中国建筑第四工程局有限公司副总经理

张　嘉　中国建筑第四工程局有限公司海外部副总经理

张运平　华润置地润地康养（深圳）产业发展有限公司常务副总经理

熊勇军　中铁十局集团城市轨道交通工程有限公司总经理

孔　鹏　清华大学建筑学院可持续住区研究中心（CSC）主任

熊　榆　英国萨里大学商学院讲席教授

林　熹　哈尔滨工业大学材料基因与大数据研究院副院长

张　玲　哈尔滨工程大学出版社社长兼深圳海洋研究院筹建办主任

吕　珍　粤阳投资控股（深圳）有限责任公司董事长

序言1

中国生产力促进中心协会策划、组织编写了“智慧城市实践系列丛书”（以下简称“丛书”），“丛书”入选了“十三五”国家重点出版物出版规划项目，这是一件很有价值和意义的好事。

智慧城市的建设和发展是我国的国家战略。国家“十三五”规划指出：“要发展一批中心城市，强化区域服务功能，支持绿色城市、智慧城市、森林城市建设和城际基础设施互联互通。”中共中央、国务院印发的《国家新型城镇化规划（2014—2020年）》以及国家发展和改革委员会、工业和信息化部、科技部等八部委印发的《关于促进智慧城市健康发展的指导意见》均体现出中国政府对智慧城市建设和发展在政策层面的支持。

“丛书”聚合了国内外大量的智慧城市建设与智慧产业案例，由中国生产力促进中心协会等机构组织国内外近300位来自高校、研究机构、企业的专家共同编撰。“丛书”注重智慧城市与智慧产业的顶层设计研究，注重实践案例的剖析和应用分析，注重国内外智慧城市建设与智慧产业发展成果的比较和应用参考。“丛书”还注重介绍相关领域新的管理经验并编制了前沿性的分类评价体系，这是一次大胆的尝试和有益的探索。“丛书”是一套全面、系统地诠释智慧城市建设与智慧产业发展的图书。我期望这套“丛书”的出版可以对推进中国智慧城市建设和智慧产业发展、促进智慧城市领域的国际交流、切实推进行业研究以及指导实践起到积极的作用。

中国生产力促进中心协会以“丛书”的编撰为基础，专门搭建了“智慧城市研究院”平台，将智慧城市建设与智慧产业发展的专家资源聚集在平台上，持续推动对智慧城市建设与智慧产业发展的研究，为社会不断贡献成果，这是一件十分值得鼓励的好事。我期望中国生产力促进中心协会通过持续不断的努力，将该平台建设成为在中国具有广泛影响力的智慧城市研究和实践的智库平台。

“城市让生活更美好，智慧让城市更幸福”，期望“丛书”的编著者“不忘初心，以人为本”，坚守严谨、求实、高效和前瞻的原则，在智慧城市的规划建设实践中，不断总结经验，坚持真理，修正错误，进一步完善“丛书”的内容，努力扩大其影响力，为中国智慧城市建设及智慧产业发展贡献力量，也为“中国梦”增添一抹亮丽的色彩。

中国科学院院士
科技部原部长
徐冠华

序言2

中国正成为世界经济中的技术和生态方面的领导者。中国的领导人以极其睿智的目光和思想布局着全球发展战略。“智慧城市实践系列丛书”（以下简称“丛书”）以中国“十三五”规划的重点研究成果的方式出版，这项工程填补了世界范围内的智慧城市研究的空白，也是探索和指导智慧城市与产业实践的一个先导行动。“丛书”的出版体现了编著者、中国生产力促进中心协会以及国际智慧城市研究院的智慧。

中国为了保持在国际市场的蓬勃发展和竞争能力，必须加快步伐跟上这场席卷全球的行动。这一行动便是被称作“智慧城市进化”的行动。中国政府和技术研发与实践者已经开始了有关城市的变革，不然就有落后于其他国家的风险。

发展中国智慧城市的目的是促进经济发展，改善环境质量和民众的生活质量。建设智慧城市的目标只有通过建立适当的基础设施才能实现。基础设施的建设可基于“融合和替代”的解决方案。

中国成为智慧国家的一个重要条件是加大国有与私有企业之间的合作。两者都须有共同的目标，以减少碳排放。一旦合作成功，民众的生活质量和幸福程度将得到很大的提升。

我对“丛书”的编著者极为赞赏，他们包括国际智慧城市研究院院长吴红辉先生及其团队、中国生产力促进中心协会的隆晨先生。通过“丛书”的发行，所有的城市都将拥有一套协同工作的基础，从而实现更低的碳排放、更低的基础设施总成本以及更低的能源消耗，拥有更清洁的环境。更重要的是，“丛书”还将成为智慧产业及技术发展可参考的理论依据以及从业者可以借鉴的范本。

未来，中国将跨越经济、环境和社会的界限，成为一个智慧国家。

上述努力会让中国以一种更完善的方式发展，最终的结果是国家不断繁荣，中国民众的生活水平不断提升。中国将是世界上所有追求更美好生活的国家所参照的“灯塔”。

迈克尔·侯德曼

ISO/IEC/IEEE－21451 标准工作组成员
UPnP+－IoT, 云和数据模型特别工作组成员
SRII－全球领导力董事会成员
IPC-2-17- 数据连接工厂委员会成员
CYTIOT 公司创始人
美国 Prasaga 公司首席执行官

序言3

随着全球化的发展，新一代人工智能、5G、区块链、大数据、云计算、物联网等技术正改变着我们的工作及生活方式，大量的智能终端已应用于人类社会的各个场景。虽然“智慧城市”的概念提出已有很多年，但作为城市发展的未来形式，“智慧城市”面临的问题仍然不少，最重要的是，我们如何将这种新技术与人类社会实际场景有效地结合起来。

从传统理解上看，人们认为利用数字化技术解决公共问题是政府机构或者公共部门的责任，但实际情况并不尽然。虽然政府机构及公共部门是近七成智慧化应用的真正拥有者，但这些应用近六成的原始投资来源于企业或私营部门，可见，地方政府完全不需要自己主导提供每一种应用和服务。目前，许多城市采用了构建系统生态的方法，通过政府引导以及企业或私营部门合作投资的方式，共同开发智慧化应用创新解决方案。

打造智慧城市最重要的动力来自政府管理者的强大意愿，政府和公共部门可以思考在哪些领域适当地留出空间，为企业或其他私营部门提供创新的余地。合作方越多，应用的使用范围就越广，数据的使用也会更有创意，从而带来更高的效益。

与此同时，智慧解决方案也正悄然地改变着城市基础设施运行的经济模式，促使管理部门对包括政务、民生、环境、公共安全、城市交通、废弃物管理等在内的城市基本服务提供方式进行重新思考。对企业而言，打造智慧城市无疑为其创造了新的机遇。因此，很多城市的多个行业已经逐步开始实施智慧化的解决方案，变革现有的产品和服务方式。比如，药店连锁企业开始变身成为远程医药提供商，而房地产开发商开始将自动化系统、传感器、出行方案等整合到其物业管理系统中，形成智慧社区。

未来的城市

智慧城市将基础设施和新技术结合在一起，以改善人们的生活质量，并加强人们与城市环境的互动。但是，如何整合与有效利用公共交通、空气质量和能源生产等数据以使城市更高效有序地运行呢?

5G时代的到来，高带宽与物联网（IoT）的融合，都将为城市运行提供更好的解决方案。作为智慧技术之一，物联网使各种对象和实体能够通过互联网相互通信。通过创建能够进行智能交互的对象网络，各行业开启了广泛的技术创新，这有助于改善政务、民生、环境、公共安全、城市交通、能源、废弃物管理等方面的状况。

通过提供更多能够跨平台通信的技术，物联网可以生成更多数据，有助于日常生活各个方面的改善。

效率和灵活性

通过建设公共基础设施，智慧城市助力城市高效运行。巴塞罗那通过在整座城市实施的光纤网络中采用智能技术，提供支持物联网的免费高速 Wi-Fi。通过整合智慧水务、照明和停车管理，巴塞罗那节省了 7500 万欧元的城市资金，并在智慧技术领域创造了 47000 个新的工作岗位。

荷兰已在阿姆斯特丹测试了基于物联网的基础设施的使用情况，其基础设施根据实时数据监测和调整交通流量、能源使用和公共安全情况。与此同时，在美国，波士顿和巴尔的摩等主要城市已经部署了智能垃圾桶，这些垃圾桶可以提示可填充的程度，并为卫生工作者确定最有效的路线。

物联网为愿意实施智慧技术的城市带来了机遇，大大提高了城市的运营效率。此外，各高校也在最大限度地发挥综合智能技术的影响力。大学本质上是一座“微型城市”，通常拥有自己的交通系统、小企业以及学生，这使其成为完美的试验场。智慧教育将极大地提高学校老师与学生的互动能力、学校的管理者与教师的互动效率，并增强学生与校园基础设施互动的友好性。在校园里，您的手机或智能手表可以提醒您课程的情况以及如何到达教室，为您提供有关从图书馆所借图书到期的最新信息，并对逾期提前告知。虽然与全球各个城市实践相比，这些似乎只是些小改进，但它们可以帮助需要智慧化建设的城市形成未来发展的蓝图。

未来的发展

随着智慧技术的不断发展和城市中心的扩展，两者的联系将更加紧密。例如，美国、日本、英国都计划将智慧技术整合到未来的城市开发中，并使用大数据技术来完善、升级国家的基础设施。

非常欣喜地看到，来自中国的智慧城市研究团队在吴红辉院长的带领下正不断努力，总结各行业的智慧化应用，为未来智慧城市的发展提供经验。非常感谢他们卓有成效的努力，希望智慧城市的发展，为我们带来更低碳、安全、便利、友好的生活模式！

中村修二　2014 年诺贝尔物理学奖得主

Preface

前言

科技改变金融，科技改变未来。新科技蓬勃发展的势头势不可当，越来越多的行业借助科技的力量破解互联网时代行业发展的痛点和难题。金融与科技密切结合，促进互联网金融向更加健康的方向发展，无论是智能投顾模式还是区块链等技术的应用，都使金融行业的业务流程、业务开拓和客户服务等方面得到了全方位的智慧提升，最终实现金融产品、风控、获客、服务等领域的智慧化，这就是智慧金融存在的意义。

智慧金融是指科技与金融的全面融合。随着各项前沿技术逐步投入交易场景，金融全流程的智慧化程度也因此获得空前提升。

智慧金融是在当今信息社会伴随着互联网络、物联网、云计算等高科技技术在金融领域的深入应用，带来金融体系和商业模式的重大变革而诞生的。发展智慧金融，推动资金更顺畅地流通，更合理地配置和更安全地使用，对于建设宏观经济，以及金融行业的创新，更好地服务个人和企业用户，都具有重要意义。

在互联网技术（互联网、移动互联网、物联网）、大数据、人工智能、分布式技术（区块链、云计算）、安全技术（生物识别技术）等金融科技手段愈发成熟且高度融合之下，金融与科技的融合也在不断迭代升级，广度和深度在延伸和扩展，技术对于金融的作用，将逐渐从辅助转变为重要的支撑作用。

国务院 2017 年 7 月印发的《新一代人工智能发展规划》中首次正式提出发展“智能金融”，要求“创新智能金融产品和服务，发展金融新业态”。工业和信息化部 2017 年 12 月印发的《促进新一代人工智能产业发展三年行动计划（2018-2020 年）》中也提出促进人工智能产业发展，提升制造业智能化水平，推动人工智能和实体经济深度融合。在多项政策文件接连出台的背景下，“智慧金融”被认为是金融创新的下一个风口。

《智慧金融实践》一书作为“智慧城市实践”系列丛书的分册之一，遵循“科普性、前瞻性、权威性、实操性、人文性”原则，从大数据时代的智慧金融基础谈起，展示了智慧金融领域的国内外的建设成果，强调了国家关于智慧金融的顶层设计和智慧金融资源的建设思路，探索了智慧金融实践的方向。

本书分三篇共 12 章内容。第一篇理论篇，主要介绍了智慧金融定义、智慧金融的基础——金融科技、智慧金融的发展等内容；第二篇路径篇，主要介绍了通信技术在金融领域的应用、大数据技术在金融领域的应用、云计算技术在金融领域的应用、区块链技术在金融领域的应用、人工智能技术在金融领域的应用、监管科技在金融监管的应用、智慧银行建设的内容；第三篇案例篇，通过案例对于智慧金融从实践角度进行了说明。

本书把智慧金融实践的理论和法规通过流程、图表等形式呈现，力求通俗易懂，便于读者快速掌握重点。希望通过阅读本书，智慧金融建设的管理者能系统全局地了解如何进行智慧金融建设的架构设计、系统规划、具体实现；智慧金融建设企业及方案提供商、设备供应商的管理者可以更系统地了解智慧金融建设各个方面以及如何落实、实际应用，最有效实施智慧金融的规划；智慧金融的研究者可以系统地了解智慧金融建设的最新实践成果；智慧金融相关专业的学生可以系统学习智慧金融的知识体系及目前国内外智慧金融应用的最新动态。希望读者在掩卷之余能切身体会到智慧金融建设构成的方方面面和国内外智慧金融的建设成果，以及我国在智慧金融领域的努力方向及建设思路。

本书在编辑整理的过程中，获得了智慧金融方案提供商、设备供应商等一线工作人员的帮助和支持，在此对他们付出的努力表示感谢！同时，由于编者水平有限，错误疏漏之处在所难免，敬请读者批评指正。

Contents

目　录

第一篇　理论篇

第二篇 路径篇

第三篇 案例篇

第一篇

理　论　篇

第1章

智慧金融概述

随着智能投顾模式及区块链、云计算、大数据等技术的应用，金融行业的业务流程及客户服务得到了全方位的智慧提升，金融产品、风控、获客、服务等领域逐渐实现了智慧化。

1.1 互联网金融

1.1.1 互联网金融的概念

互联网金融是指基于第三方支付、云计算、大数据、社交网络、电商平台以及搜索引擎等互联网工具，将传统商业社会中的资金融通、支付和信息中介等金融服务全都在互联网上实现的一种新兴金融模式。

1.1.2 互联网金融的功能

互联网金融具备如图 1-1 所示的功能。

平台功能	在互联网金融平台上，用户可根据自身资金的多少和能承担的风险程度自由地选择金融产品，并通过个人计算机（Personal Computer, PC）、手机端即能开展支付、投资、汇款、贷款等金融活动
资源配置功能	互联网金融基于传统的金融数据的沉淀，通过大数据技术挖掘和分析数据，深入地掌握当前宏观和微观的金融环境，并直接进行融资操作，从而提高资源配置的效率
支付功能	以支付宝支付、微信支付为代表的移动、PC端支付正日益削弱商业银行、银联等传统机构支付的重要性
信息搜集和信息处理	信息资源既分散又庞杂，数据沉淀冗余都是传统金融机构一直面临的重要问题。大数据技术、云计算技术的日益成熟使金额信息的抓取、计算和输出变得简单易行，因此互联网金融在信息搜集和信息处理方面日益强大

图1-1 互联网金融的功能

1.1.3 互联网金融的特征

在互联网与金融业结合的过程中，透明度高、参与度强、成本低和便捷灵活是互联网金融相对于传统金融的特有优势，具体特征见表 1-1。

表1-1 互联网金融的特征

序号	特征	说明
1	即时性与移动化	金融机构开发了线上金融服务，客户可以通过手机、平板电脑等设备上的手机软件（Application，App）随时随地转账、支付、购买理财产品等。其功能丰富，操作简便
2	覆盖广与发展快	互联网将自身的优势嫁接到金融行业，这样可以对全球金融服务行业进行有效的低成本覆盖，打破地域上的限制，突破时间上的约束。金融与互联网的结合使金融业务覆盖的范围进一步扩大，业务处理的时效性也在提高
3	互动强与透明度高	智能手机、平板电脑的普及使互联网的发展逐渐从PC端向移动端渗透，更多的App应运而生。用户通过使用App可以达到实时的互动沟通和资讯易获取等的目的。信息在网络上快速传播降低了信息不对称的程度，信息更加透明和公开，也使金融服务更加大众化
4	低成本与高效率	借助于互联网平台，金融机构的相关人员可以很方便地将互联网金融业务的操作流程进行标准化、格式化的设计，使客户可以在网络端轻松地获得大部分的金融服务。比如，传统金融业务的办理必须去各办事大厅排队处理，而这种情况渐渐被取代，这不仅降低了各服务部门的运营成本，同时提高了金融机构的运转效率

1.1.4 互联网金融的发展

金融是指资金的融通，即由资金融通的工具、机构、媒介、市场和制度构成的有机系统，是经济系统运转的重要组成部分。金融的核心是通过跨时间、跨空间对资源进行有效的配置，以实现价值交换、增值。所有涉及价值或者价值服务在不同时间、不同空间之间进行配置的交易都是金融交易。

互联网技术的飞速发展为金融业带来了新的契机。经过近几年的酝酿和成长，新兴互联网企业的商业模式逐渐成熟，并且开始冲击传统机构。

互联网金融与传统金融的主要区别在于：互联网金融的本质是通过信息技术提升和改造传统的服务模式，创新金融服务方式和金融产品供给方式。互联网技术帮助金融机构实现了更便捷的金融服务方式，人们不必再为办理某些金融业务专程赶往银行的业务网点，而是通过互联网即可完成业务的办理。

借助大数据的挖掘与分析技术，互联网金融能更快速地评估客户的资信、盈利状况，可以为潜在的小微客户提供更多的金融服务。

1.1.5 互联网金融的创新

互联网金融的内容非常广泛，我们更关心的是互联网金融所能带来的创新和突破。除了中国人民银行关注的电子货币外，国内互联网金融的创新主要体现在以下 4 个方面。

（1）支付方式的创新

互联网金融中，支付方式的创新的一个典型代表就是第三方支付。作为资金支付结算的最后一个环节，第三方支付按其发展的历程可分为：线下支付（以银联支付为代表）、线上支付（以支付宝支付为代表）、移动支付（以微信支付为代表）。目前，第三方支付积极创新业务，以移动支付最为突出，包括微信的二维码支付、阿里巴巴的人脸识别支付、平安银行的光子支付，以及苹果手机的近场支付。由此我们可以看出，第三方支付市场酝酿着巨大的商业潜力。

（2）渠道的创新

互联网金融渠道的创新表现在传统金融渠道向虚拟化的变革。互联网可以有效地整合融资、支付和理财等业务，突破了时间和空间的限制，为客户提供了一体化、多样化、7×24 小时的金融服务。

（3）投融资方式的创新

互联网金融投融资方式的创新表现在由银行为媒介的间接融资升级为借款人和出借人直接匹配信息的直接融资，这极大地解决了在传统银行借贷模式中信息不对称和较高交易成本的问题。

（4）金融机构的创新

创新式的互联网金融机构的销售产品和后续的服务工作完全通过互联网进

行，互联网金融机构虽然没有实体的营业网点，也没有分支机构，但供需双方却实实在在地获得了优质的金融服务。

1.1.6 互联网金融对传统金融的影响

随着互联网技术的进一步发展，金融行业在互联网技术的浪潮下也将不可避免地发生变革，这场变革将对金融业态产生深远影响。

（1）互联网的移动化

手机的高普及率使得越来越多如手机充值、网上购物、银行转账、手机炒股等金融服务向移动端迁移。

（2）大数据处理技术及云计算的应用

大数据和云计算技术将成为互联网金融企业管理客户和金融交易系统的标准配置。在提高金融企业风险控制管理水平的同时，智能云端的开放性和精确性也降低了交易成本，优化了资源配置，但这对于紧缺专业人才的传统金融企业而言也将是一次艰难的蜕变。

（3）金融服务边界的拓展延伸

互联网金融企业的服务以第三方支付、互联网基金、个人对个人（Peer-to-Peer，P2P）网贷、众筹等为主，这些金融服务是在传统金融领域的基础上开辟的新业务。互联网金融为金融服务领域拓展了新的边界，并重新定义了互联网时代的金融业。

1.2 移动金融

1.2.1 移动金融的定义

移动金融是指以移动互联网、移动支付为基础，以移动终端为载体的金融服务的总称。移动终端泛指以智能手机为代表的各类移动设备，其中，智能手机、平板电脑和无线销售终端（Point of Sale，PoS）机的应用范围较广。

从内容上看，移动金融包括移动银行、移动支付、移动证券、移动理财等，即通过大数据、云计算、移动通信等技术实现移动端产品（服务）交互、资金融通的一种金融服务业态。其核心优势是应用金融科技来提高内部效率，降低沟通成本。

1.2.2 移动金融的特点

移动金融具有如下特点。

（1）便捷性

移动金融的最大优势在于客户获得金融服务的便捷性。这是客户选择移动金融最重要的原因，拉近了与金融机构的距离。

（2）实时性

移动金融的另一个重要特点在于实时性。只要有网络，只要网上银行、手机银行能正常运作，客户就能随时享受移动金融服务。

（3）及时性

移动金融的第三个特点是及时性，及时性主要建立在便捷性和实时性之上。首先，移动金融使客户的业务办理更为及时，省去了客户乘车、步行等交通和排队等待的时间；其次，服务时间的延伸使很多业务办理得更为及时，客户不必等到第二天网点营业再去办理，更为快捷自在。

（4）私密性

移动金融的第四个特点是私密性。移动金融使客户的操作更为私密和业务办理更为迅捷，客户无须接触银行工作人员，也无须他人协助，自己独立操作即可。

（5）全面性

移动金融还有一个特点，即业务的全面性。以前，银行网点不一定受理所有业务，有的业务需要到开办这一业务的支行甚至分行才能受理。银行的自助设备也不能受理全部业务，有的业务必须到网点才能处理。而移动金融与电子金融类似，实现了除现金交易之外几乎全部业务的虚拟管理和处理，手机银行与网上银行的功能并无太大差别。

1.2.3 移动金融在银行业中的应用

银行业是金融行业中的基石，银行业的移动金融应用建设是按照服务的客户群来区分的。移动金融应用可以分为服务于内部员工的企业应用以及服务于外部客户的产品应用。

1.2.3.1 内部企业应用

常见的移动办公属于典型的企业应用，应用的核心价值在于提高企业内部的工作效率，降低企业的运营成本，提供更方便的业务流程，帮助企业实现更高的效益。目前，常见的银行内部企业应用类型如下：

① 移动营销；

② 移动客户关系管理（Customer Relationship Management，CRM）；

③ 移动办公；

④ 移动数据报表（管理驾驶舱）；

⑤ 移动信贷。

1.2.3.2 外部产品应用

移动银行外部产品应用的核心价值在于增加银行的服务渠道，在提供更方便的服务的同时不但能降低传统渠道的管理成本，而且带来了新的收益。另外，外部渠道应用方面还可以整合其他行业的资源，利用移动智能终端提高用户的随身性、便捷性，极大地增加了边际效益。目前，常见的外部银行产品应用的类型包括移动银行、移动掌上生活、移动理财投资、移动支付。

1.3 供应链金融

供应链金融的实质是为处在核心企业上下游的中小企业提供了融资渠道。

供应链金融是金融机构围绕核心企业管理上下游中小企业的资金流和物流，把单个企业的不可控风险转变为供应链企业整体的可控风险，并获取各类信息，将风险控制在最低的金融服务。

1.3.1 供应链金融的特点

供应链金融最大的特点就是在供应链中寻找一个大型的核心企业，以核心企业为出发点，为供应链中的上下游的中小企业提供金融支持，一方面，将资金有效地注入处于相对弱势的上下游的配套中小企业，解决中小企业融资难和供应链失衡的问题；另一方面，将银行信用融入上下游企业的购销行为中，增强商业信用，促进中小企业与核心企业建立长期的战略协同关系，提升供应链的竞争能力。

供应链金融包含在产业金融当中，而供应链金融又包含了物流金融，三者之间存在一定程度的从属关系，具体如图 1-2 所示。

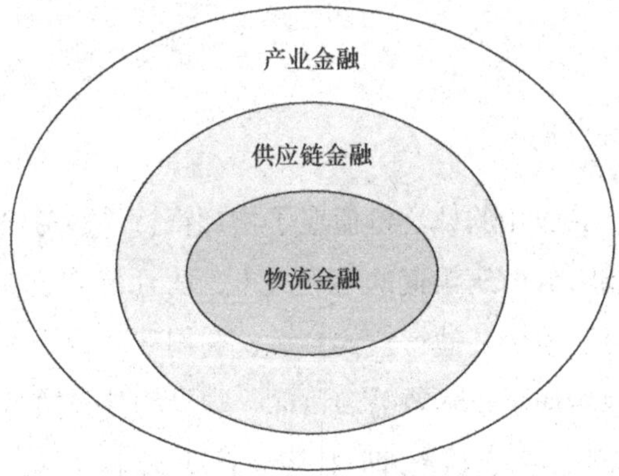

图1-2 供应链金融与产业金融及物流金融的关系

1.3.2 供应链金融与传统金融的区别

供应链金融与传统金融的区别主要体现在对风险的控制、授信的灵活度等方面。

① 传统金融——孤立地关注企业和业务本身。

② 供应链金融：金融机构根据产业特点，基于交易过程向核心企业和其上下游相关企业提供综合的金融服务。

◆ 以核心企业为基准创建“1+N”或“M+1+N”的金融服务模式；

◆ 关注交易过程，整合物流、信息流和资金流；

◆ 根据产业特点，提供跨行业的金融服务。

1.3.3 供应链金融的参与主体

供应链金融的参与主体如图 1-3 所示。

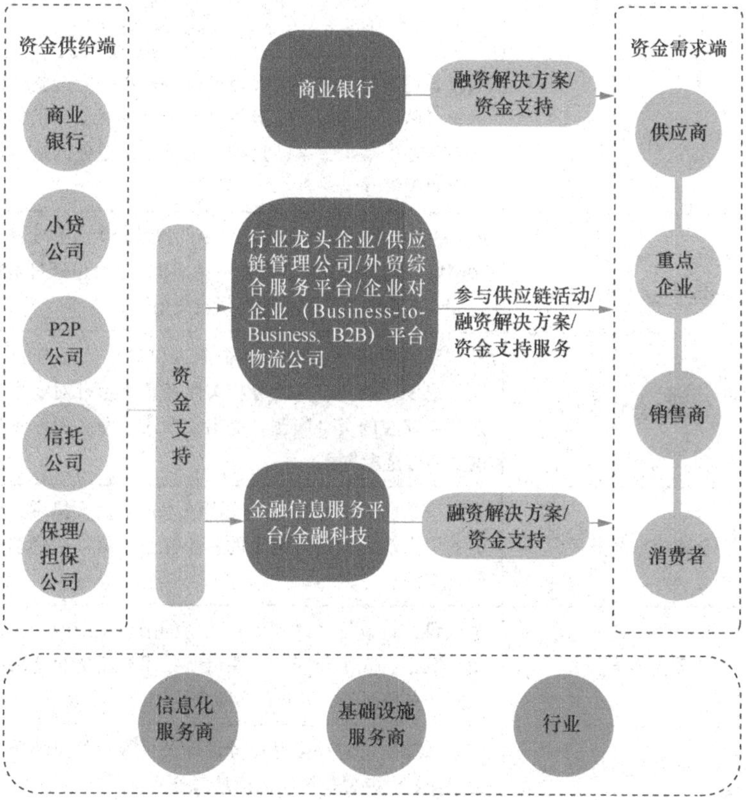

图1-3 供应链金融的参与主体

供应链金融的参与主体及功能说明见表 1-2。

表1-2　供应链金融的参与主体及功能说明

序号	参与主体	功能说明
1	商业银行	商业银行针对供应链企业的实际融资需求，提供多种模式的融资解决方案。商业银行在资金成本方面具备天然的优势，但商业银行的传统金融的服务模式在一定程度上制约了供应链金融的发展
2	行业龙头企业	行业龙头企业依托自身在行业的规模优势、经济效益优势、带动和辐射优势、竞争优势等，整合供应链上下游的中小微企业并连接资金提供方，为行业内的中小微企业提供融资解决方案
3	供应链管理公司	供应链管理公司负责整合供应链上下游的资源并连接资金提供方，为供应链上下游的中小微企业提供供应链服务和融资解决方案，这样可以提升整个供应链的运作效率
4	物流公司	物流公司通过物流活动参与供应链运作，通过整合供应链中的物流网络，连接资金提供方，为服务对象提供物流供应链服务和融资解决方案，这样有利于稳定业务网络，提升物流企业的竞争力
5	企业对企业（Business-to-Business，B2B）平台	B2B平台在电子商务市场交易中的规模较大，是实体经济与互联网结合的最佳载体。目前，诸多B2B平台也通过对接资金提供方为平台的上下游企业提供融资解决方案
6	外贸综合服务平台	外贸综合服务平台为中小企业提供进出口环节的融资、通关、退税、物流、保险等相关服务，平台针对中小外贸企业发展中存在的资金问题，提出了中小企业在国际贸易背景下的供应链金融方案
7	金融信息服务平台	金融信息服务平台通过互联网技术连接资金提供方和供应链上的资产端，为供应链上的中小微企业提供融资解决方案和资金支持
8	金融科技公司	金融科技行业是金融和信息技术的融合型产业，关键在于利用大数据、人工智能、区块链等技术革新传统金融行业所提供的产品和服务，提升金融服务机构的工作效率
9	信息化服务商	信息系统是供应链金融业务运作的灵魂，信息化服务商则可为供应链金融提供透明的信息服务
10	基础设施服务商	供应链金融的发展需要配套的基础设施服务提供方，这些企业可以利用自身供应链金融基础服务的优势，对接资金提供方、供应链金融服务方、融资对象等，为整个供应链的金融生态圈提供基础服务

1.3.4 供应链金融的商业模式

1.3.4.1 银行主导的供应链金融

银行主导的供应链金融的服务范围较为广泛，涉及的产品较为齐全，具体见表 1-3。

表1-3 银行主导的供应链金融的服务范围

资产业务产品	中间业务产品
应收账款质押贷款	应收账款清收
• 保理 • 保理池融资 • 票据池融资 • 提前支付折扣	• 资信调查 • 财务管理咨询
• 存货质押贷款 • 仓单质押 • 未来贷权质押	• 现金管理 • 结算 • 贷款承诺
• 出口信用险授信 • 出票 / 款后贷授信	• 汇兑 • 换汇

以银行作为外部金融主体的供应链金融在贷款、授信、质押中强调各类凭证的有效性和真实性，对不符合资质的企业保持零容忍的态度。同时，银行也帮助供应链企业做好中间环节的服务，如资信调查、汇兑等。在银行主导的供应链金融中，银行是主要风险控制的主体，因此在选择供应链企业时，规模较大、资金数据全的企业成为银行的首选。

1.3.4.2 第三方支付主导的供应链金融

第三方支付在供应链金融服务中承担的主要是通道功能，即交易中介在交易中会衍生大量的数据，具体如图 1-4 所示。这些沉淀的数据一方面可被用于拓展第三方支付的自身增值业务，另一方面第三方支付也可以通过和银行及其他外部金融机构合作，将这些数据用于评估供应链企业的资金资产、管理账户，以数据打通整个供应链链条。第三方支付凭借对不同行业特性的了解，将数据和风控有机结合，这样不仅降低了供应链金融的风险，也让资金供需双方实现了高效对接。

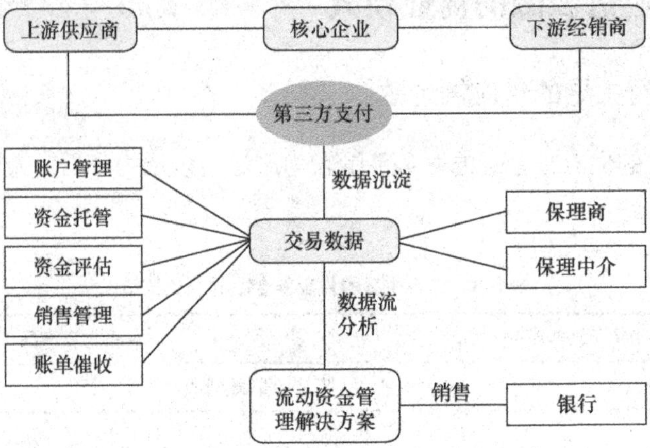

图1-4　第三方支付主导的供应链金融示意

1.3.4.3　电商主导的供应链金融

电商主导的供应链金融的优势如图 1-5 所示。

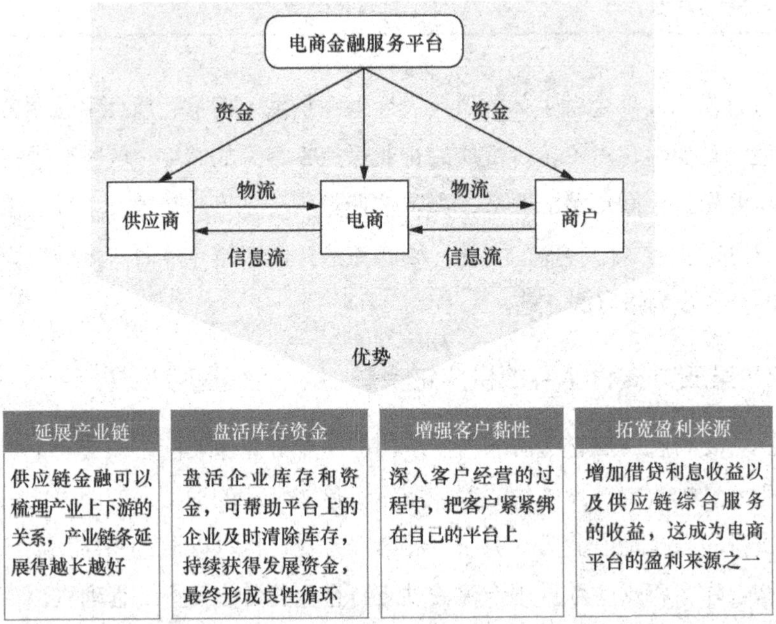

图1-5　电商主导的供应链金融的优势

1.3.4.4 供应链/物流企业主导的供应链金融

供应链 / 物流企业通过预付类产品帮助供应链中的上下游企业进行融资，具体如图 1-6 所示。

① 物流企业在服务的过程中有着较高的控货能力。供应链融资的产品很多都由物流企业控制，在这类业务中，物流企业可以充当银行代理人的角色，监管抵、质押资产，并根据企业的经营活动向银行发出预警。

② 物流企业通过物流活动参与供应链的运作，通过整合供应链中的物流网络连接资金提供方，为服务对象提供物流供应链服务和融资解决方案。

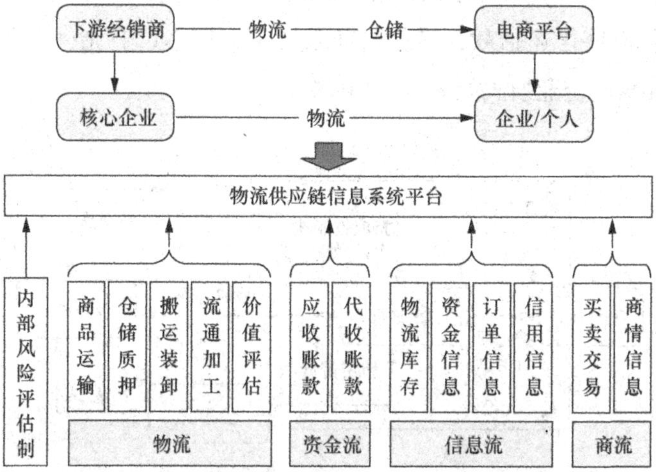

图1-6 供应链/物流企业主导的供应链金融示意

1.3.4.5 P2P主导的供应链金融

P2P 供应链金融是将分散、小额的资金聚集，根据借款者的信用和借款规定，将资金借给借款人的一种商业模式。P2P 供应链金融弥补了传统金融市场贷款门槛高、借款手续烦杂的缺陷，为借款者找到了快捷的融资渠道，也为普通大众找到了投资的新来源。

根据平台对接资产端的不同，P2P 供应链金融融资模式可分为三类：第一类是平台对接核心企业模式；第二类是平台对接电商平台模式；第三类是核心企业自建 P2P 网贷平台模式。

（1）对接核心企业模式

P2P 平台直接与核心企业合作，把单个企业的不可控风险转变为供应链企业的整体风险，管理上下游的中小企业的资金流和物流。

核心企业起到贯穿供应链的作用，掌握了大部分上下游企业的资金流、物流及交易数据。该模式较为依赖核心企业，对于供应商借款，核心企业的应收账款会被作为第一还款来源；对于下游经销商借款，核心企业一般要承诺回购，承担连带担保责任。

另一种核心企业参与的模式主要是以票据作为质押物。首先，供应商与核心企业签订贸易合同，核心企业向供应商签发商业汇票；然后，供应商通过 P2P 平台将商业汇票质押给平台出借人，票据由出借人委托第三方机构代为管理，借款到期后供应商偿还借款，借款逾期未付时，核心企业兑付商业承兑汇票给出借人。对接核心企业模式如图 1–7 所示。

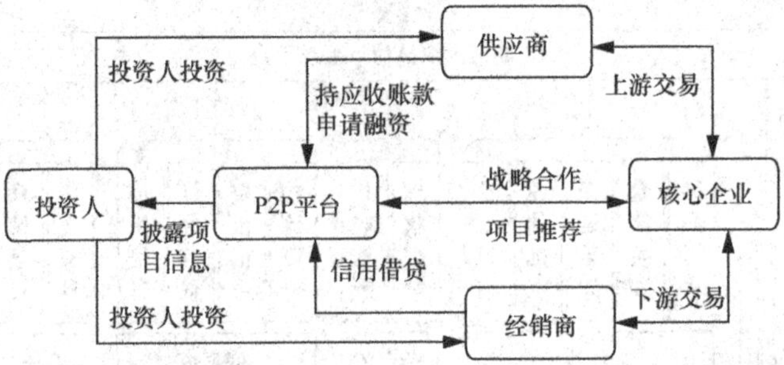

图1–7　对接核心企业模式

（2）对接电商平台模式

电商平台拥有企业大量的真实交易数据，掌握了上下游企业的库存信息、交易信息、资金信息、物流信息等数据，对商户信息实现了点对点式的监控。电商平台的供应商、会员人员等有融资需求的借款人是 P2P 平台的资产端的主要来源，借款者用其在电商平台的存货抵押来申请融资。

除了直接对接电商平台以外，供应链金融还可以通过对接中介机构，由中介机构对接不同的电商平台。在此种模式中，中介机构取得电商平台允许，查看店铺的交易数据，并向 P2P 网贷平台推荐电商企业（借款人），具体如图 1–8 所示。

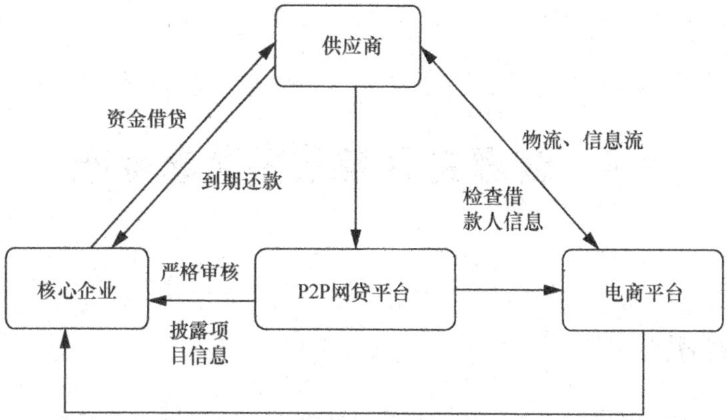

图1-8 对接电商平台模式

（3）核心企业自建 P2P 网贷平台模式

核心企业在长期的经营过程中积累了大量的资源，如果核心企业进一步扩大融资服务范围，仅依赖自有资金和银行授信是远远不够的。核心企业自建平台凭借对产业链及成员企业的了解，可以及时掌握产业链相关企业面临的风险，并制订相应的金融方案，从而调动上下游企业的大量资源，提高资金匹配的效率，具体如图 1-9 所示。

核心企业自建 P2P 网贷平台的供应链金融模式包括为上游供应商融资、下游经销商贷款，对于核心企业所属业务集团铺设线下门店的情况，P2P 网贷平台还可为线下门店提供贷款机会。

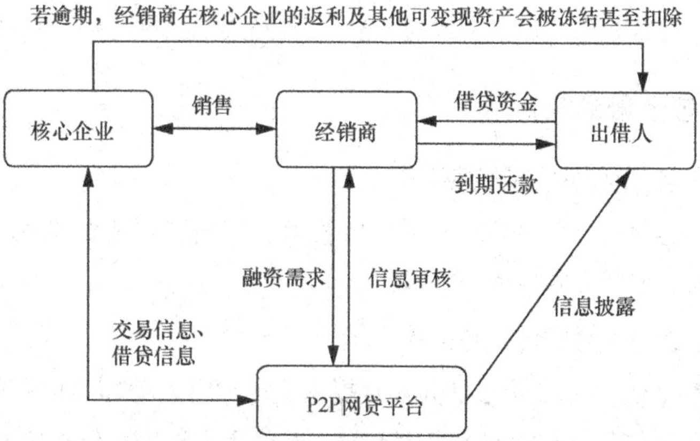

图1-9 核心企业自建P2P网贷平台模式

1.4 普惠金融与数字普惠金融

1.4.1 普惠金融

普惠金融是指以可负担的成本为有金融服务需求的社会各阶层和群体提供适当、有效的金融服务，重点服务对象是农民、城镇低收入人群等。

在我国，金融机构和类金融机构是普惠金融服务的主体，包括银行、金融公司、信用合作社、信托公司、金融租赁公司、小贷公司、互联网金融公司，还包括外围的服务机构，如评级机构、征信公司、技术服务供应商以及一些培训机构。另外，农民、城镇低收入人群等群体是普惠金融服务的主要对象。普惠金融旨在让大众都能享受金融服务，但是这种金融服务是在服务对象能承担以及遵循商业规则的前提下开展的，并不是政府的扶贫项目。

1.4.2 数字金融

数字普惠金融是将大数据、云计算以及移动互联网等数字技术应用到普惠金融领域，这样能显著提升普惠金融的供给，有效扩大金融服务的覆盖面。

数字普惠金融的特点

（1）数字普惠金融的供给更高

数字普惠金融依托互联网、云计算等技术，突破了金融服务的地域限制，在很大程度上提高了用户得到金融服务的可能。

（2）数字普惠金融的覆盖范围更广泛

数字普惠金融通过移动通信为大众提供金融服务，使覆盖的范围更加广泛。数字普惠金融改变了原有的服务提供方式，确保用户无论在什么地方，只要有网络就可以获得金融服务。

（3）数字普惠金融的运营成本低

传统的金融机构的服务范围依赖于其分支机构的数量和分布位置，服务范围的扩大必然伴随营业网点的增多，如办公场地租赁成本、人工成本都是必不可少的支出。数字普惠金融改变了传统金融服务所依赖的基础设施，客户仅使用计算机、手机等设备通过互联网就可以获得金融服务，金融机构的运营成本明显下降。

1.5 智慧金融

智慧金融是伴随互联网、物联网、云计算等技术在金融领域的深入应用，从而带来的金融体系和商业模式的重大变革所诞生的。国家发展智慧金融可推动资金更顺畅的流通、更合理的配置和更安全的使用，对于建设宏观经济，以及金融行业的创新，更好地服务个人和企业用户都具有重要意义。

1.5.1 智慧金融的定义

随着各项前沿技术被逐步投入交易场景中，金融全流程的智慧化程度获得空前提升，金融产品的设计、获客、服务、风控等环节也因此更加智慧化。

互联网技术（互联网、移动互联网、物联网）、大数据、人工智能、分布式技术（区块链、云计算）、安全技术（生物识别技术）等的愈发成熟，金融与科技的融合也在不断迭代升级，广度和深度在延伸和扩展，技术对于金融的作用也将逐渐从辅助转变为重要的支撑作用。

1.5.2 智慧金融的特征

智慧金融具有如图 1-10 所示的 7 项特征。

智能化	“智能化”是智慧金融最本质的特点，智慧金融从贴近客户思考方式、主动理解和感知客户需求、优化客户服务体验、提升研判与决策效率、防范金融运行风险等多种渠道将金融产品、服务与监管向“智能化”升级，充分利用前沿信息技术，打造聪明、人性、体贴的金融服务；同时，也在逐步减少和替代金融活动中的人工干预
高效率	智慧金融在业务办理、资金流转、交易决策、风险防控等应用上能实现快速响应、处理和反馈结果等功能，满足客户的实时或准实时处理要求
便捷化	智慧金融服务在可获得性、易理解性、可操作性方面保持简单、灵活、便捷的特点，消费者使用智慧金融产品与服务的时间成本较低
普惠化	智慧金融面向的受众群体具有明显的广泛性和普遍适用性，对用户在金融知识、使用技能的要求较低
个性化	智慧金融在理解和感知客户需求、客户营销与服务方案定制方面提供精准的个性化、定制化服务，实现“千人千面”的服务格局
绿色化	智慧金融是先进信息技术与现代金融业务高度融合与创新的产物，具有绿色、节能的特点，在降低金融活动中的人力、物力和其他能源消耗方面更具优势
无感化	智慧金融可将传统金融服务与消费场景无缝融合，实现特定场景下的无感支付和无感消费，使金融支付活动与消费场景下的其他行为融为一体，如智能停车场、无人超市等场景

图1-10 智慧金融的7大特征

1.5.3 智慧金融与其他金融业态的关系

1.5.3.1 与传统金融的关系

智慧金融是传统金融的继承和创新，与传统金融一样，其“金融”本质并未改变，相较于传统金融，智慧金融具备“智慧”属性，在金融产品与服务的智能化、普惠化、精准化、个性化、定制化等方面具有鲜明特点，在提升金融行业的效率、降低金融成本、优化金融服务、防控金融风险、扩大金融普惠能力等方面更具优势。

智慧金融采用机器、系统或平台代替人力服务，降低传统金融的人力成本，增强金融产品与服务中的“智慧”属性，为客户提供更具市场竞争力的优质服务。

智慧金融和传统金融虽然在本质上都是推动资金的有序流动，但是，智慧金融并不是传统金融信息化的升级版本，也不是网络化的传统金融。事实上，智慧金融和传统金融有着显著的区别，具体区别如下。

（1）服务的主体不同

在传统金融体系下，金融机构与客户形成一对一的服务关系。银行、保险、证券及中介服务机构等凭借自身建设的网点、网站，分别为客户提供金融服务。每个金融机构基本上独立完成主要的营销活动，包括寻找客户、制订营销组合方案、提供售后服务等。例如，过去大企业的贷款业务通常由银行单独完成，甚至包括贷前、贷中、贷后的全部流程。而如今，我国的中小企业已达千万量级，由银行包揽全部的业务流程显然不现实。原有金融服务模式已经不能满足实际的发展需要。

在智慧金融体系下，金融服务的形式呈现多对一的服务关系，即多个金融机构通过合作连接在一起，形成一个共同体，各尽所长，共同服务同一个客户。金融机构之间，以及金融机构与客户之间依托开放的服务平台，互联互通，相互交换信息，形成紧密的分工和协作关系。而每个金融机构都只是服务链条的一个节点，按照服务分工充分发挥自身的优势，为客户提供专业化的服务。所有这些节点的专业化服务汇集到一起，形成一个个完整的一站式服务包，这些服务包作为一个整体被呈现给用户。

（2）市场的主导地位不同

在传统金融体系下，银行在客户服务关系中处于支配地位，起主导作用。在传统金融阶段，我国企业融资渠道较少，银行成为企业融资的主要提供方，形成了银行主导型金融体系。然而，企业的发展迫切需要大量资金，尤其中小企业更是面临融资困难的局面。资金是企业正常运转的血液，企业维持运营、研发产品、开拓市场都离不开资金的支撑。融资渠道不畅的结果是银行的资金成为各方争抢的稀缺资源。

在智慧金融体系下，客户跃升为整个金融服务链条的核心，形成了客户主导型的智慧金融体系；全社会的信息透明度更高，资本市场更发达，银行贷款、租赁、证券市场等融资模式更加完善。那些盈利能力强、信用记录好的企业更容易受到金融机构的青睐，成为金融机构的目标客户。为了提高自身的竞争力，金融机构会联合其他机构，创新金融产品和服务，提高服务质量，开拓更广泛的市场。

（3）服务的状态不同

智慧金融体系永远处在动态调整的过程中，而传统金融体系在某一段时间内处于相对静止的状态。传统金融体系获取信息的渠道不顺畅，信息感知相对滞后，金融体系在每一次决策和行动后都会保持一段时间的相对稳定，直到信息积累到一定程度才会有下一步的决策和行动。

而智慧金融体系内的信息流、信用流、任务流和资金流都处在动态的变化过程中。客户、合作伙伴、其他金融主体、环境都在变化，这一切的变化都会被金融主体实时地感知和分析，并不断调整策略和行动，以适应外界的变化。这些变化永不停止地驱动整个金融体系保持相对的稳定性和动态演化。

（4）演化的动力不同

在传统金融体系下，政府是规则的制定者和变革者，金融机构是实现经济、金融目标的执行者。

智慧金融体系的形成和演化是一个自组织过程。金融机构的主体通过不断感知外界信息，自发地、自主地调整演化方向并加速运转，从而提高服务效率，降低金融风险。在这个过程中，智慧金融体系内的主体通过竞争和协同，在信息和利益的不断交换中彼此约束、协同耦合，从而保持整个体系有序的、高速的运行。

1.5.3.2　与金融科技的关系

金融科技是技术驱动的金融创新，其核心是利用新兴技术改造或创新金融产品、经营模式和业务流程，智慧金融属于金融科技的范畴。近年来，互联网金融作为金融科技的代表性产品已取得快速发展和广泛应用，与互联网金融不同，智慧金融是金融科技发展的高阶产物，其目标是打造“智慧”的产品和服务，它对高精尖信息科技的依赖程度非常高，技术与业务之间的融合也十分紧密，对金融效率以及客户体验的改善将产生“质”的影响。

1.5.3.3 与普惠金融的关系

智慧金融的开发应用有利于拓宽金融服务的受众面，降低金融服务的门槛和增强金融产品与服务的易用性，与发展普惠金融的目标相一致。因此，智慧金融可以作为金融行业推进普惠金融建设的主要抓手，应给予相应的支持和推广。

1.5.3.4 与监管科技的关系

智慧监管是智慧金融在金融监管领域的具体应用，是智能化信息技术与金融监管业务融合创新的结果，属于监管科技的范畴。智慧监管具有大幅提升金融监管效率、提高监管有效性、降低监管成本的潜力。

1.5.4 智慧金融的主要业务形态

智慧金融的主要业务形态如图 1-11 所示。

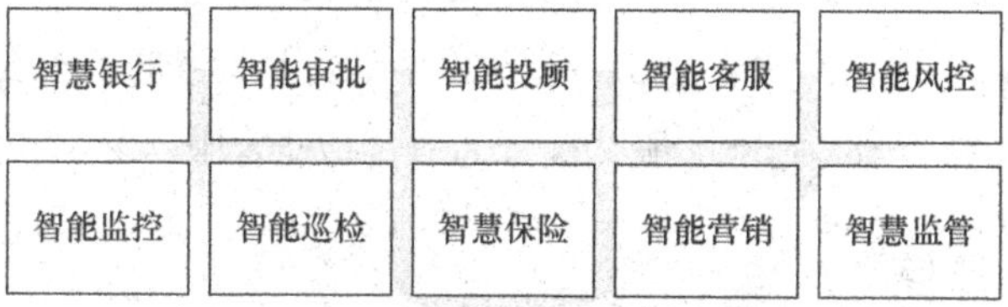

图1-11 智慧金融的主要业务形态

1.5.4.1 智慧银行

智慧银行是智慧金融在银行业的典型应用，通常包括线上和线下两部分。线上部分主要包括智慧网银、智慧 App 等，提供基于生物特征识别的客户身份认证、业务办理检索、智能网银助手、自动授信审核等服务，这些服务改善了客户体验；线下部分主要以现有的物理网点为依托，通过布放智能柜员机、智能自动取款机（Automatic Teller Machine，ATM）终端等智能设备，打造智能体验平台以及提供创新的智能迎客、智能信息推送、智能取款（无卡取款、刷脸取款）等服务，将物理网点向智能网点迁移。

1.5.4.2 智能审批

智能审批主要是指客户在办理授信申请、信用卡申请等原本需要人工参与审核的业务时，由系统代替人工完成审核，实现业务的即时、快速办理，大大提升审批时效。智能审批往往以智能信用评级为支撑，根据信用评级结果审批授信额度。

1.5.4.3 智能投顾

智能投顾是指系统根据客户的自身需求、风险偏好、资产状况、收益目标等要素以及大数据分析技术、量化投资模型、人工智能算法等自动化手段，向客户推荐投资理财产品。智能投顾替代了原本由投资顾问、理财师等人工完成的投资咨询工作。

1.5.4.4 智能客服

智能客服是指以智能机器人代替人工客服完成向金融客户提供的智能引导、业务查询、业务办理、投诉受理等服务。智能客服可以分为部署在物理网点的线下实体机器人和应用在网银、App、电话银行等线上渠道的虚拟机器人两类。根据人机交互方式的不同，智能客服又被分为语音智能客服、文字智能客服等。

1.5.4.5 智能风控

智能风控主要是系统通过综合分析海量的金融业务数据、客户的社交网络数据以及其他行为数据，并利用客户画像、信用评估、欺诈监测等手段，实现对交易风险的事前、事中、事后管控，达到精准反欺诈等风控目的。

1.5.4.6 智能监控

智能监控主要是指视频监控、安防监控、库房管理、押运管理等金融领域应用智能化手段提升管理效能的一系列措施。如在视频监控领域，我们通过视频理解、图像检索、异常行为自动监测等技术手段改变传统依靠人工监控的管理方式，达到提升问题发现能力和异常告警能力的目的。如在库房管理、押运管理领域，我们通过智能标签、智能定位等技术手段提升对所管理对象的感知、监控和实时统计能力。

1.5.4.7 智能巡检

智能巡检主要是指金融机构运用智能机器人等智能设备对金融基础设施进行定期巡检、巡查，智能设备可对金融基础设施进行运行状态、运行环境的感知，及时发现、报告和处置运行中存在的隐患和异常事件，摆脱需要大量人力投入的传统巡检模式。

1.5.4.8 智慧保险

智慧保险是指金融机构运用信息技术手段提升保险业务活动的智能化程度，主要应用在智能定价、智能定损、智能理赔等方面。

1.5.4.9 智能营销

智能营销主要是指系统在金融产品的销售环节，采集、分析客户多维度的信息数据，增强营销与获客精准度的一系列做法。智能营销可在保险、证券、基金、理财等业务中应用。

1.5.4.10 智慧监管

智慧监管是指系统运用信息技术手段提升金融监管活动的智能化程度。它的具体应用包括运用大数据和人工智能等技术手段对宏观经济金融的形势进行研判、实时侦测微观交易活动中的欺诈行为等。

1.5.5 智慧金融带来的重大变革

1.5.5.1 助力宏观经济，促进金融体制的改革

智慧金融具有即时、透明、智慧的特点，能让投资更畅通、效率更高、成本更低、风险更小、效益更高，让资源配置更加合理，更优质地满足客户需求，因此，它成为经济发展的核心动力。

（1）推动经济结构调整

金融是促进产业机构升级的重要助推力，智慧金融可以更充分地发挥投资导

向功能，改变投资结构，优先配置资金，从而推动产业结构的升级。在耗能和污染严重的行业，智慧金融可引导机构逐步减少投资，优化产业结构，从而推动经济往高水平、高质量的方向发展。在利率、信贷政策上，智慧金融给予新兴产业更多的优惠政策，推动资金向该领域转移，最终实现金融的筛选功能。另外，智慧金融可加快推进信息流和资金流的速率，推动创新信息在更广泛的范围内传播，提升创新成果的转化并开拓了市场。

（2）推进经济的宏观调控

智慧金融为政府的科学决策提供最坚实的依据和保障。其一，智慧金融拥有最真实、最全面的数据库，这些数据库既囊括了宏观经济数据，又包括了微观主体的运行数据；既包括静态的资金总量数据、结构数据，又包括动态的资金流向数据、转化效率数据。这些数据有利于政府部门的相关人员了解当前的经济现况，是宏观调控的基础。其二，依据云计算应用体系，政府部门的相关人员可以清晰地了解一定区域范围内的金融现状、存在的问题和发展趋势，将为国家的政策调控增加更多的灵活性，有助于提高金融政策的传导效率，提高政策的有效性。其三，智慧金融拥有智能风险评估系统、科学决策系统、健全的监管和预警体系，这些体系既互联互通又能让任务流和信息流快速流动，因此有助于政府采取并实施科学的调控措施。其四，智慧金融服务平台使得金融服务产品的多样化和个性化成为可能，也促进金融调控手段更加丰富，组合形式更加灵活。

1.5.5.2 改善服务品质，提升用户体验

（1）提供多样化和个性化的服务

智慧金融的出现让客户享受到更好的优质服务。开放式金融平台可容纳更多的服务商，服务商按照客户的需求，不断创新，开发有针对性的产品，满足客户的需要，客户选择的范围更加广泛。智慧金融的云计算系统按照客户资金的状况和需求，通过复杂计算提供多种可行的金融解决方案。客户可以根据自己的偏好，选择理财方案或者进行投资组合。

（2）便利客户，提供即时化服务

在互联网中，保险、资产管理、付费转账、证券等业务都可以在线办理，客

户不仅可以实时查询账户信息、在线操作交易，还可以根据个人情况和偏好，在线进行投资组合。客户只需单击鼠标，就可以走完业务流程，便利化程度大大提高。

（3）推动服务向质优价低方向发展

开放式金融平台向更多服务商提供了公平竞争的机会。由于竞争压力，服务商经常调整价格，以期获得市场份额，让利于广大客户。与此同时，各家服务商不断提高服务质量，使消费者能真正享受到质优价低的服务。

（4）系统防范，降低风险

智慧金融平台上的分工详细，其中有专业的风险控制服务商提供的金融风险监测和预警系统，该系统能根据外界环境的变化和客户自身的资产状况，实时做出风险分析和预测。一旦出现情况，系统就会预警，提醒客户注意风险，此时客户会调整投资策略，从而降低风险。其次，在智慧金融体系下，信息更加透明，由于信息不对称而带来的风险将大幅度降低。最后，更加丰富的产品和优质的服务使得用户的选择空间更大，选择的产品组合更灵活，降低了单一品种的投资风险。

1.5.5.3 提高竞争能力，推进金融业务更好的发展

智慧金融给金融业带来了革命性的变革，对金融业产生了广泛而深刻的影响，有力地提升了金融业的竞争能力，推进金融发展的进程，具体如下所示。

（1）转变经营方式，降低经营风险

智慧金融将变革传统金融的业务体系和合作关系，改变银行作为信用产品主要投资者的局面，以银行为主导的传统金融体系将逐步向多主体竞争合作的方向转变。智慧金融围绕客户的需求，与银行、保险、基金等各类金融机构和第三方中介机构紧密合作，借助开放的服务平台，共同服务于客户。多主体合作共赢的局面，既大大提高了银行为客户服务的主动性，又极大地改变了银行的形象。

智慧金融融合了多主体的生态系统，其主体之间为竞争和合作的关系。这种关系促进信用风险向银行体系外分担，降低系统性风险。金融机构发挥所长，从事更专业的业务，机构之间的合作关系也更加密切，有助于促进金融市场的结构优化，保证整个智慧金融体系的健康性和稳定性。在大数据和信息技术条件下，风险管理系统更科学、更高效，诸如信用管理系统、企业运营风险评估系统、管理决策系统、贷后监测系统、风险预警系统等都将替代人工的风险管理方式，使

得风险管理和控制更加高效。

（2）协调资金配置资源，提高应变能力

借助现代科技技术，智慧金融系统能实现以市场为基础，有效配置资金资源。智慧金融系统可以准确地判断客户的需求、资金的增值能力和投资的风险，然后快速决策，将市场中的闲置资金转移到资金短缺的客户手中，加快资金的流通速度，提高资金的使用效率。信息流、任务流、信用流和资金流相互交织、互相配合，从而提高了资源配置的效率。

在信息获取能力上，智慧金融机构主体能实时捕获市场信息的变化，因而能做出迅速灵敏的反应，调整服务策略，适应市场需求。在组织结构上，智慧金融的组织结构以客户需求为导向，依靠信息管理系统的连接特性，使其更加扁平化，更贴近用户，应变能力更强，从而提高了企业效益。

（3）降低成本

智慧金融使金融机构通过网络化的虚拟方式在线开展业务，金融机构可以大幅度压缩有形的分支机构和营业网点的数量，从而降低了大量房屋租金、固定资产、管理成本和雇佣成本。另外，利用云计算技术，智慧金融机构通过网络可以按需获得所需服务，因而没必要单独开发系统和购买大型设备和软件，从而降低了系统开发、运营和维护的成本。

1.5.5.4 促进金融与经济交融，推动传统行业的发展

在现代市场经济中，金融的作用日益凸显，已渗透经济与生活的方方面面，金融与经济相互交融，二者之间的联系也越来越密切。

（1）拓展企业融资渠道

金融机构产品多样化的发展趋势拓展了中小企业的融资渠道。一方面，除了银行贷款，创业投资、股权融资、债务融资、小额贷款、私募基金、租赁等融资渠道也广开大门。企业可以选择多层次、多元化的融资渠道。另一方面，互联网的即时化和透明化使金融机构及第三方服务机构能即时掌握各家企业的真实信息，包括企业的基本情况、信用状况、运营情况和发展前景等信息。金融机构或第三方服务机构能及时对所获得的信息进行信用评估、预警监测，方便相关部门的决策和处理应急事件。

（2）促进科技创新发展

在智慧金融体系下，高科技企业将获得更多的资金支持和金融服务，从而促进技术进步、科技成果的转化和普及应用，大幅度提高社会劳动的生产率。智慧金融系统能综合行业信息，判别资金需求项目的优劣和发展潜力，并将资金流投向最有发展前途、增值潜力最大的项目。

（3）降低企业运营风险

首先，借助专业性和丰富的经验，金融服务机构能及时发现所服务的企业在发展中存在的风险和机遇，为企业发展提供改进建议。其次，在智慧金融生态系统中，金融主体不仅繁多，而且提供的金融服务产品也在向深度、广度发展，呈现多样化的发展趋势。中小企业有机会按照投资偏好，选择投资组合，这样不仅可以增加收益，还可以降低购买单一产品所带来的风险。投资的多样化能有效地分散金融机构所承担的风险，减少损失。最后，智慧金融平台还提供了许多风险控制工具，金融机构可以根据企业的运营状况和环境变化，随时得出风险评估结果，并在关键时刻发出预警，提醒企业采取应对的措施，帮助企业在第一时间掌控和化解风险。

第2章

智慧金融的基础——金融科技

在大数据、人工智能、云计算、物联网、区块链等金融科技手段愈发成熟且高度融合之下，金融与科技的融合在不断迭代升级，智慧金融的广度和深度也在不断延伸和扩展，技术对于金融的作用将逐渐从辅助转变为重要的支撑作用。在一系列的技术变革下，金融服务的形态也随之发生巨大改变。

2.1　金融科技概述

2.1.1　金融科技

金融科技是指金融机构通过利用大数据、区块链、云计算、人工智能等新兴技术手段创新传统金融行业的产品和服务的业务模式，从而提升效率并有效降低运营成本。

金融科技并不等同于互联网金融，它们的区别如图 2-1 所示。

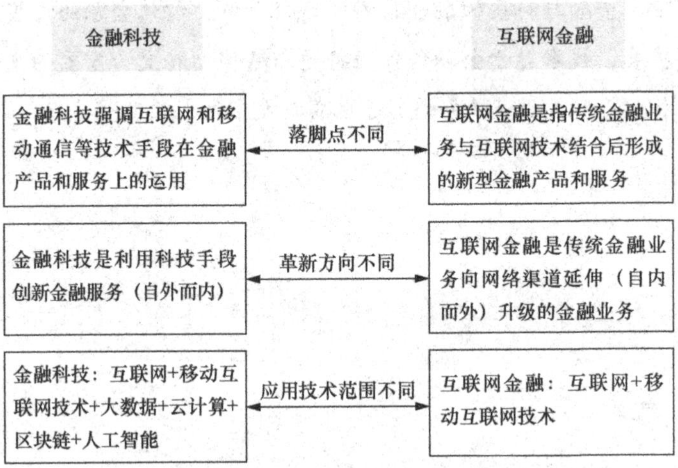

图2-1　金融科技与互联网金融的区别

2.1.2　金融科技的技术核心

金融科技涉及的技术具有更新迭代快、跨界、业务混合等特点，是大数据技术、云计算技术、人工智能技术、区块链技术等与传统金融业务与场景的叠加融合，主要包括大数据金融、人工智能金融、区块链金融和量化金融 4 个核心部分。

大数据金融重点关注金融大数据的获取、存储、处理分析与可视化。一般而言，金融大数据的技术核心包括基础底层、数据存储与管理层、计算处理层、数据分析与可视化层。数据分析与可视化层主要负责分析简单数据和高级数据（与人工智能有若干重合）以及可视化地展示相应的分析结果。大数据金融往往还致力于利用互联网技术和信息通信技术，探索资金融通、支付、投资和信息中介的新型金融业务模式。

人工智能金融主要运用人工智能技术处理金融领域的问题，包括预测股票价格、评估消费者行为和支付意愿、信用评分、保险业的承保与理赔、风险管理与压力测试、金融监管与识别监测等。

区块链金融将成为未来互联网的底层组织结构，将直接改变互联网的治理机制，最终颠覆现有的底层协议，并产生基于算法驱动的金融新业态。

量化金融以金融工程、金融数学、金融计量和金融统计为抓手而开展的金融业务，和传统金融最大的区别在于始终强调利用数理手段和计量统计知识，定量而非定性地开展工作，主要的金融场景有高频交易、算法交易、金融衍生品定价以及基于数理视角下的金融风险管理等。

量化金融一直被视为是金融业高端资本与智力密集型领域，科技含量极高，但近几年，高频与算法交易、金融风险管理、保险精算越来越依靠工业级大数据（比如实时、海量、高维和非结构化数据）、人工智能以及区块链等前沿技术来解决问题或重构原有金融业务逻辑、产品设计流程、监管监测控制环节。

2.1.3 金融科技的发展历程

金融科技的发展经历了1.0、2.0、3.0的阶段，如图2-2所示。

1.0时代的金融科技更多的是被应用于金融服务环节中的用户获取和在线服务两方面，但其在核心领域的应用并不多。

2.0时代的金融科技更多的被应用在大数据风控，基于用户画像的精细化运营、智能化投资决策等，这些技术极大地提高了金融服务效率，降低了运营成本。

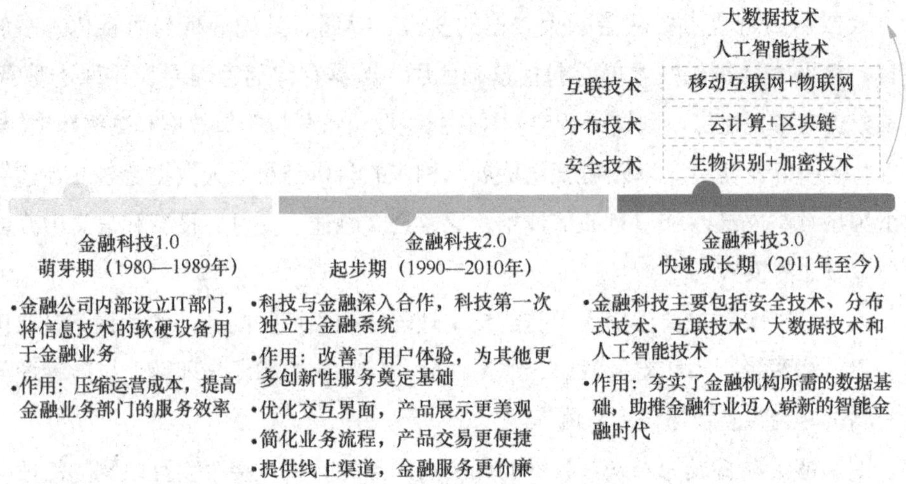

图2-2　金融科技的发展历程

3.0 时代的金融科技是现在最火热的“金融科技”，是互联网公司、金融公司之间的强强联合，具体如图 2-3 所示。

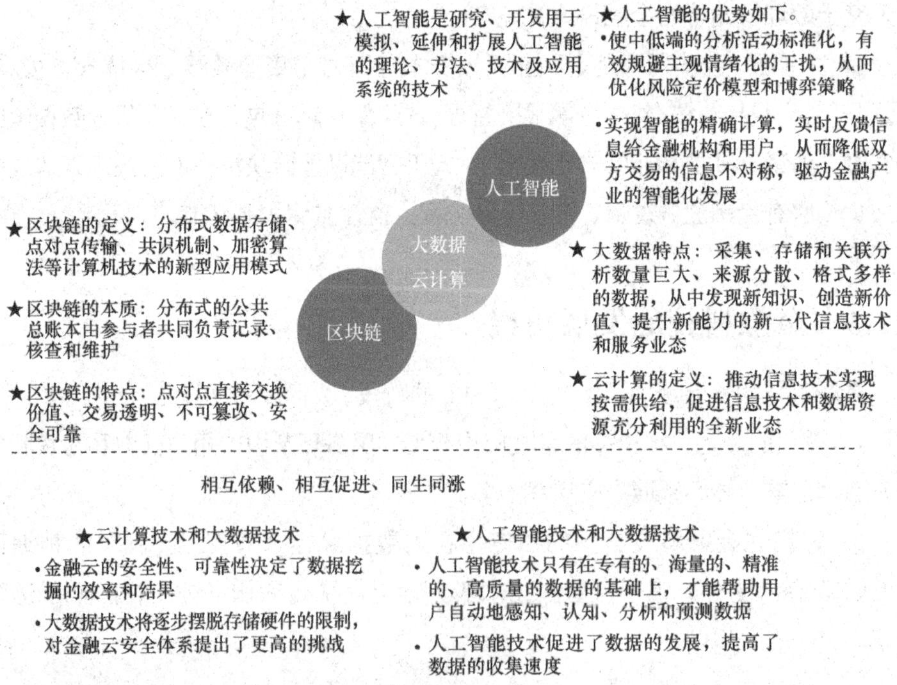

图2-3　金融科技3.0阶段

在人工智能、云计算、大数据、区块链等技术的推动下，科技逐渐触碰金融的核心，而这些技术之间也存在相互依赖、相互促进的关系。

例如，大数据技术和云计算技术相伴相生，对金融大数据而言，至关重要的是金融云。有分析者指出，大数据是矿藏，而金融云是矿井。矿井的安全性、可靠性决定了“挖煤”的效率和结果。大数据将逐步摆脱存储硬件的限制，对金融云安全体系提出了更高的挑战。

又如，人工智能与大数据是同生同涨的有机整体。人工智能能自动地感知、认知、分析和预测数据，还能促进大数据技术的发展，提高数据的收集速度和质量。

2.1.4 金融科技的业务类型

在金融需求和互联网技术创新的双重驱动下，金融科技在产品和服务上不断推陈出新。金融科技企业的新产品和新业务在不断涌现。

中国人民银行金融研究所主持编写的《金融科技：发展趋势与监督》中指出，金融科技的主要应用领域包括网络借贷、互联网支付、互联网众筹、互联网保险、互联网银行、互联网财富管理、互联网信用管理等，主要技术则包括区块链、大数据、云计算、人工智能和数字技术。国家金融与发展实验室主持编写的《中国金融科技发展报告（2017）》中梳理的互联网金融主要业态包括网络借贷、互联网众筹、互联网支付、互联网银行、互联网保险等，关键性技术则包括区块链和人工智能。中国信息通信研究院在《中国金融科技产业生态分析报告》中按照业务类型和服务领域等对金融科技企业进行分类，这些业务类型包括证券、保险、基金、消费金融、小额信贷、征信、第三方支付等，服务领域则涵盖客服、风控、营销、投顾、支付等。

2.2 科技对金融业务模式的影响

以用户体验为导向、数据为驱动、互联网为手段的金融科技具有资本集约、资源开放、创新集中的特征，智慧金融机构通过技术的积累与突破，筑起传统金融机构无法超越的服务壁垒；通过构建庞大的金融科技服务生态圈，可以实现金融组织形态的多样化，在运行效率、运营成本、传播介质、数据分析等多个维度对传统金融领域形成冲击。

金融科技可以渗透金融活动流程的各个环节，在前端服务客户，在中端支持授信、金融交易和决策等业务，在后端用于风险防控和监测，使金融服务更加精细化、个性化。

这些业务需求促使基于人工智能技术的新金融科技公司不断涌现，甚至各大上市银行也在相继成立专门的科技公司。基于大数据、人工智能、区块链等技术，结合业务场景，业界可以打造智能销售方案、智能风控方案、智能产品方案、智能服务方案和智能运营方案等金融利器，帮助金融机构全面提升获客、风控、产品、客服、运营的能力。

下面，我们根据技术发展及应用的成熟度，从以下 3 个角度具体描述。

（1）大数据重塑金融服务模式

数据作为各行业的基础性资源，也给金融发展带来极为深远的影响。随着金融活动产生的大量信息在大数据驱动下逐渐货币化，金融领域的服务模式必将被重构，主要表现为风控和营销两个方面。

① 大数据改变信用与风控模式，金融科技创新下的大数据技术可以通过整合大量数据有效甄别用户的信用信息。

② 基于规模化的数据处理可实现智能营销，通过个性化的用户画像可实现精确预测。

（2）人工智能技术助力智慧银行

随着人工智能技术的发展，金融业务将从电子化向智慧化变迁。与传统服务模式相比，人工智能技术最大的优势在于更简便、更高效、更快捷、更准确，金融机构从理财顾问、风控助手、人机交互等方面深入优化服务模式，推动业务向智慧化转型。

在理财领域中，基于人工智能技术与大数据技术的量化投资模型可以为用户提供投资决策，确保用户投资行为的理性与效率。在银行业务领域中，金融科技可以完善客户服务，形成标准化、模型化的服务流程。例如，某银行的实体智能机器人可以为客户提供咨询服务；某集团的智能客服能解答客户提出的问题。随着人工智能技术的进步，传统银行正加速向智能化、轻型化转型。

（3）区块链颠覆金融业务流程

区块链融合了网络技术、密码学等，用一种分布式结构的数据存储与传输的方式，有效解决关键问题，对商业银行现有的基础设施、体系结构及行业规则产生颠覆性影响。

在支付领域中，区块链可以改变银行支付体系的底层架构和清算方式，简化发起、回馈、记账、交易、对账等流程，提升了支付效能。在信任构建中，区块链通过分布式逻辑与智能合约的结合完成征信，有效解决信息不对称等问题。在业务流程上，区块链可以有效解决业务系统与后台连接流程长、环节多等问题。

2.3 金融科技在不同金融领域的应用

2.3.1 金融科技在商业银行中的应用

互联网和信息技术的快速普及，互联网公司与银行的深度合作，催生了客户层面的大量创新和应用，如云闪付、支付宝支付、微信支付等移动支付产品大大改变了老百姓的支付习惯。我国移动支付的产品种类日趋丰富，覆盖了人们生活的方方面面，人们在日常生活中使用移动支付产品的频率大大提高。随着移动支付的普及，银行与互联网公司之间打通线上与线下渠道，不断创新支付场景，将信贷产品、理财产品等植入各种场景，为客户提供一站式金融服务。

同时，金融科技的快速发展以及产品服务的不断创新，还催生了银行组织形式和经营模式的变化。我国首家互联网银行——深圳前海微众银行正式成立后，多家民营银行秉承网络银行的定位，以手机、平板电脑、智能穿戴等设备为载体，使客户体验由线下、网点向全天候、自动化的移动互联方式转变。2017 年 11 月，我国首家独立法人的直销银行——百信银行正式开业。网络银行、直销银行的诞生和发展，丰富了我国银行业机构体系，为实体经济和金融消费者提供了不受时间与地域限制的金融产品和服务。银行不再束缚于固定的物理空间，而是更广泛地融入各种场景。

具体来说，商业银行借助科技创新推动战略转型主要体现在以下 3 个层面，具体如图 2-4 所示。

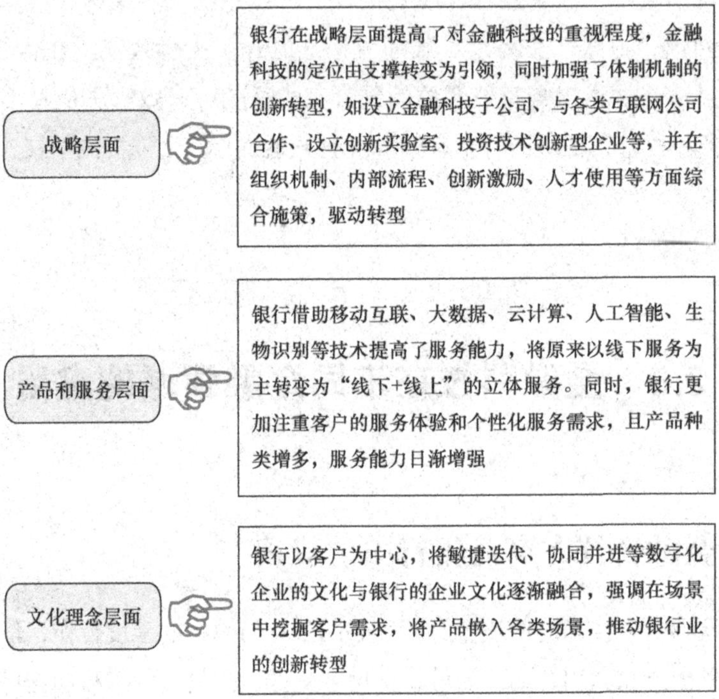

图2-4　商业银行借助科技创新推动战略转型

2.3.2　金融科技在普惠金融中的应用

2.3.2.1　制约普惠金融发展的因素

我国在大力发展普惠金融的过程中取得了一定成果，但也受到诸多因素制约。其中，市场洞察能力的局限与不足是阻碍普惠金融深入发展的关键性因素。传统金融手段仅仅依靠线下的门店营销无法全面覆盖每个区域、不同群体的客户，银行在无形中丢失了许多潜在目标客户，且无法全面有效地掌握各类客户的不同需求和偏好。目前，传统的线上广告，难以准确触达需求客户，且营销成本较大。同时，征信工作仍不完善，无法做到精准的风险评估，加剧了坏账的发生，具体如图 2-5 所示。

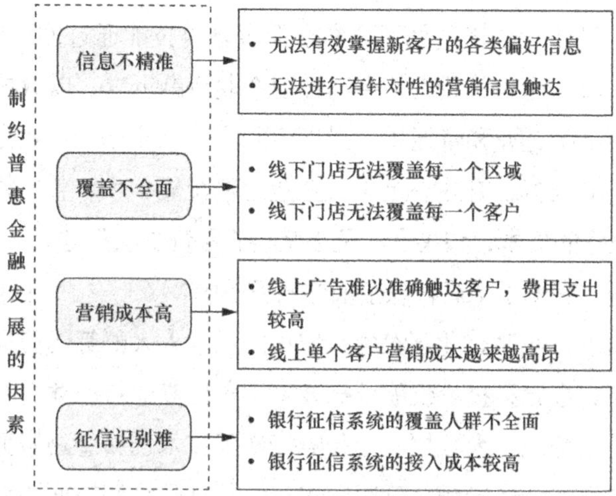

图2-5　制约普惠金融发展的因素

2.3.2.2　金融科技对普惠金融的发展具有重要意义

金融科技的核心是解决目前传统金融模式存在的信息不对称、风险大、成本高及时空限制等问题，帮助传统金融降低金融门槛，实现普惠，这对普惠金融的发展具有重要意义。

（1）金融科技有助于扩展普惠金融的可获得性

在我国，尤其是乡镇、农村等地区金融网点较少，金融基础设施（如 ATM、POS 终端等）较为薄弱，拥有银行卡账户的人数较少，这造成部分偏远地区的很多群众无法更好地享受金融服务。

近年来，智能手机等移动终端的普及为金融科技助力普惠金融提供了坚实的基础。金融科技依托移动通信网络、宽带通信网络等国家通信基础设施，将金融服务延伸到乡村、偏远地区等金融基础设施薄弱的地域，为客户提供随时、随地、随身的支付和信贷等金融服务，突破金融服务“最后一公里”的制约，为金融基础设施薄弱问题提供解决方案，提高普惠金融的可获得性，有效扩大了金融服务的渗透率。

（2）金融科技有助于提高普惠金融的服务质量

目前，我国小微企业的经济规模占国内生产总值（Gross Domestic Product，GDP）的60%，提供了75%的城镇就业机会，但98%的小微企业都面临融资难的问题，小微企业金融服务供求矛盾突出。传统金融机构在发展普惠金融时，经常会由于负担成本过高、效率过低而放弃。而金融科技能通过网络电商平台、P2P网贷平台等，获取企业相关数据，主动识别企业金融诉求，以数据为基础构建信贷评估模型，为小微企业和普通用户提供定制化、专业化、行业化的支付，小额信贷和征信等精准服务，有效满足小微企业对资金短、小、急、频的需求，降低小微企业金融服务的成本，解决个人及小微企业融资难的问题。

（3）金融科技有助于拓展普惠金融的服务范围

在传统意义上，小微企业、农民、城镇的低收入人群等弱势群体是普惠金融的重点服务对象。金融科技不仅能依靠技术手段提高弱势群体金融服务的可获得性，也能利用人工智能、大数据、云计算等新兴技术创新金融服务模式，拓展金融服务渠道，实现在智能投顾、互联网银行、共享经济等方面的应用，将金融服务拓展至公共交通、医疗卫生、文化教育、投资理财等领域，为社会各阶层群体提供负担得起的、低成本的金融服务，提升城镇服务和管理的智慧化、信息化、数字化、金融化程度，拓展普惠金融的服务范围。

2.3.2.3 金融科技助推普惠金融的发展和应用

（1）金融集成电路卡（Integrated Circuit Card，IC卡）推动普惠金融在公共服务领域的发展

我国于2011年全面启动了银行卡芯片化迁移工作，目前，金融IC卡已成为银行卡发卡、受理的主流产品，为金融科技的发展提供了账户基础和安全保障。金融IC卡具有存储容量大、安全性高、应用便捷等优势，内置芯片能整合交通、医疗、教育等行业的信息，为民众提供包含金融领域在内的多种应用服务，有利于提升城市的信息化程度，降低社会管理总成本。目前，金融IC卡已在公共服务领域得到全面应用。

（2）“去网点式”业务模式拓展普惠金融的服务范围

第一，各商业银行大力发展手机银行、网上银行等业务，将金融服务触角延伸至无法布放网点的农村边远地区，为农户提供支付、助农信贷等金融服务，扩大金融服务范围。第二，以微众银行、网商银行为代表的互联网银行焦聚拓展小微企业和个人贷款业务，对接第三方平台收集客户行为信息，构建客户信用模型，利用大数据、人工智能等技术精确分析客户融资需求，服务于小微企业和个人信贷业务，将金融服务下沉到长尾的客户中，积极践行数字普惠金融理念。第三，金融机构利用大数据、数据分析建模等技术优化风险定价体系，实现自动远程金融服务，提升服务质量和风控效率，做到真正惠及客户。

（3）移动支付延伸小微企业接入金融服务渠道

作为金融科技的基础性技术，移动支付能为小微企业提供获取基础性金融服务的新渠道，为普惠金融创新发展提供重要契机。以微信、支付宝为代表的第三方支付机构和商业银行不断创新移动支付方式，为批发、零售、餐饮等小微企业提供扫码支付、虹膜支付等移动支付服务。移动支付具有低成本、高便利、轻资产等特征，使更多的小微企业无须购买 POS 终端便能直接支持非现金交易，节省企业接入金融服务的成本，让金融服务能惠及更多的小微企业，有利于促进普惠金融的发展。

（4）金融科技创新服务提升普惠金融的多样性

第一，农商行和农村信用社积极搭建农村电商平台。以电商平台为载体，以金融服务为核心，打通“农产品进城”和“工业品下乡”通道，既能为农户提供销售农产品的渠道，又能满足城镇居民对绿色农产品的需求，让大家享受金融科技服务带来的便利，这成为农村普惠金融和精准扶贫的重要实现方式。第二，共享经济通过技术手段将金融服务不断向公共服务领域延伸，通过可承担成本的金融科技服务为更多人提供生活便利。第三，智能投顾提高客户投资理财选择的能力。智能投顾又称“机器人理财”，具有成本低、分布广、智能程度高等特点，能够根据不同客户自身的理财需求，通过“人工智能 + 大数据分析”来完成传统人工提供的理财顾问服务，降低投资理财的门槛。机器人理财的优势在于用户在不断增多，成本却在下降。专业的投资顾问服务常受限于起步资金门槛较高、服务流程烦琐、服务费用高、不能随时随地咨询等，无法最大程度地满足普通消费者的理财顾问需求，而智能投顾则显著提高传统金融的服务效率和扩大服务范围，让更多人能够便利地享受到专业的投资组合金融咨询服务，为普惠金融的发展插上助推之翼。

2.3.3 金融科技在保险业中的应用

虽然保险业务的规模不断扩大，但边际产出却在下降，因此，传统保险公司应提高运营效率来面对严峻的挑战。

2.3.3.1 金融科技在保险业中取得的成果

目前，金融科技在保险业的经营管理、提高服务、产品创新方面都取得了阶段性成果，主要体现在以下几个方面。

首先，大型保险公司整合了信息技术部门，组建了数据中心和科技平台，中小型保险公司也通过细分领域开展了数字化运行。

其次，互联网企业和金融机构、保险机构加强合作。互联网保险公司依托大数据技术、云计算技术建立了自己的核心系统，提高了系统运行效率，加强了服务的针对性。

再次，互联网巨头，如百度、阿里巴巴和腾讯积极与保险企业加强联系，推动保险布局，纷纷建立了保险代理公司，通过在线交易，服务广大投保人，解决保险业实体经济效率提升缓慢的问题。

最后，第三方平台的积极参与，加快了科技公司依靠金融科技优势打造保险生态圈的多元环境。

金融科技对保险业务流程的全面渗透，主要体现在销售、产品和服务这三方面。

2.3.3.2 金融科技催生保险生态新模式

金融科技在保险业的进一步应用和发展，为保险产业的科技发展奠定了基础。

例如，保险公司以保险服务为纽带，为客户提供衣食住行等生活服务。在车险领域，保险公司为车主提供投保渠道、理赔进度、违章查询、交通状况、汽车维修以及饮食、住宿、娱乐等信息，涵盖了车主的车保险、车服务、车生活。

2.3.3.3 金融科技为监管提供支撑

金融科技为保险业发展，特别是在提升监管服务水平方面提供了有力的支撑。

第一，保险监管大数据平台的建立，为公安部门、社保部门等相关部门提供有效对接，推进跨行业金融监管平台的应用。

第二，金融科技改进了保险监管方式。监管方通过现代化的风险检测预警体系，可以掌握保险机构的行为，从而提高监管的时效性，逐步实现动态监管，提高保险业服务社会的能力水平。

2.3.3.4 金融科技是保险业的未来

金融科技的发展高歌猛进，而确保保险产品的保障功能是金融科技发展的驱动力之一。

第一，产品创新提升了保险产品的适应性和适销度。

第二，在防范风险方面，科技的应用大大提高了保险业风险管理的能力。

第三，小额、低价、简捷、个性化的保险产品的开发速度在加快，在部分地区有效促进和实现了普惠保险的落地。

金融科技实现了保险业的转型发展，提高了保险业的核心竞争力，成为今后保险业转型发展的核心环节。下一步，金融机构需要应用数字化技术和人工智能技术，为客户提供标准化的服务，进而提升客户的安全感和获得感。

2.3.4 金融科技在证券业中的应用

证券业是传统金融的重要组成部分，在金融科技的推动下，将成为技术革新的主战场。

2.3.4.1 金融科技在证券业中的应用场景

金融科技在证券业中的应用场景见表 2-1。

表2-1　金融科技在证券业中的应用场景

场景		主要技术	应用	优势
前台	智能投顾	①人工智能； ②投资组合优化理论模型	①定制化投顾服务，综合考虑普通投资者的预期收益、风险承受能力及风险偏好，使用智能算法，提供投资建议； ②全生命周期跟踪服务，动态跟踪客户端和产品端的风险情况，为客户的资产配置再平衡提供建议	①避免一对一服务的低效化； ②为长尾投资者提供服务，实现普惠金融
	投研管理	①人工智能； ②自动报告生成技术； ③光学字符识别； ④知识图谱	批量完成文档工作。系统可分析年报、时事新闻、行业分析报告和法律公告等材料，通过光学字符识别技术解析图片，利用知识图谱提取逻辑主干，将时间、地点等要素自定义嵌入报告模板，自动处理、分析数据并输出研究报告	①节省时间； ②增加业务收入
	量化交易	①人工智能； ②现代统计学	①升级投资策略，根据效用函数反馈发生的随机事件，设计出最优效用资产配置方案； ②交易模式的变革，使得智能代理交易程序可方便跟踪跨市场、跨品种的证券业务，可以实时观察委托单的变动、高频交易数据，拟订最优交易指令，并准确执行	规避人为失误
	投行业务	区块链	①长期保存数据，数据一旦经时间戳检验即可被添加于区块链上，可靠性高； ②确保企业上市和上市后所披露的信息真实传递，不存在恶意编辑和修改的情况	优化复杂流程，规避信任风险
	资产证券化	区块链	①各方共享数据； ②智能合约	①提高券商的资产证券化产品的设计、发行、交易的效率； ②破解资产证券化业务中数据共享和校验的困境
	风险控制	数字信用评估制作体系	实现360°客户画像。事前加强认证，事中实时监控，事后有效处置	解决金融服务机构与消费者之间的信息不对称的问题及降低人为因素的干扰
	合规管理	大数据	①合规管理系统，实现数据的自动更新、统计分析，监测预警； ②反洗钱监测系统； ③合同管理系统，分类管理标准合同和非标准合同，在线修订留痕及合同范本入库	①合规流程规范化、合规数据集中化、合规工作留痕化、风险展示清晰化； ②快速审核标准合同，精细化审核非标准合同
	运营营销	①大数据； ②数据挖掘	了解账户状态、行为路径和个人偏好	定向营销
	客户服务	自然语言理解技术	精细化服务管理	优化用户体验

2.3.4.2 金融科技对证券业各方的影响

金融科技对证券业各方的影响见表 2-2。

表2-2 金融科技对证券业各方的影响

证券业各方	具体影响	
证券市场	营销模式多元化	证券公司物理网点的客户服务模式的发展面临压力，证券公司通过拓展互联网渠道挖掘潜在客户
	市场竞争白热化	互联网企业发展快速，创新活跃，注重效率和客户体验，有利于刺激金融业创新
证券基金经营机构	标准化操作	互联网技术具有标准化操作、业务处理成本低、服务海量客户等特征，有助于简化交易流程、降低成本
	个性化服务	通过一套程序同时为数以万计的客户提供投顾服务，结合客户的主观诉求，提供精准的投资意见
	分布式转型	推动公司IT架构由集中式向分布式转型，更加灵敏地响应业务需求，更加全面地管理客户关系
投资者	主动性增强	互联网技术具有全天候、跨地域的属性，打破了时间和地域的限制，有利于弥补传统金融服务的空白，扩大金融服务覆盖面，提高客户的主动性
	提高效率、降低成本	信息技术推动客户向移动互联网迁移，客户享受到自助化、便捷化和智能化的证券金融服务

第3章

智慧金融的发展现状

在一系列的技术变革下，金融服务的形态也随之发生巨大改变。如今，越来越多的企业进入了智慧金融领域，跨界融合成为智慧金融发展的新趋势。

3.1 我国智慧金融的发展现状

3.1.1 智慧金融产品与服务创新活跃

广发基金首先推出智能投顾产品“基智理财”、招商银行推出“摩羯智投”，随后同类产品和项目陆续出现。中国工商银行提出从 e-ICBC2.0 向 e-ICBC3.0 智慧银行战略升级，并联合京东金融推出“工银小白”数字银行服务，力图构建智慧金融服务生态圈。南京银行和邮储银行以智慧网点为依托，通过网点智能化加快向智慧银行转型。农业银行、建设银行以及部分股份制银行、城商行、农信社也纷纷开展智慧银行、智慧网点的建设，并积极应用大数据、人工智能等技术探索智能审批、智能客服、智能风控等智慧应用。此外，太平人寿、人保、中国平安等保险机构也积极创新精准营销、智能定价、智能定损、智能闪赔等智慧保险应用。总体来看，智慧金融产品层出不穷，但我国智慧金融的发展现状是：相关产品、服务和应用还应完善，智能化程度有待提高，智能信息技术优势尚未充分显现。

3.1.2 智慧金融的研发与合作不断深入

近年来，国内众多银行陆续与国内 IT 企业建立密切的战略合作伙伴关系，试图发挥传统金融机构的业务资源优势与 IT 企业在前沿信息技术应用方面的积累优势，通过深入合作，深挖客户需求并进行服务创新，推动智慧金融的发展。其中，农业银行与百度共同成立“金融科技联合实验室”，试图构建包括客户画像、精准营销、客户信用评价、风险监控、智能投顾、智能客服 6 个方向的智能银行体系；中国银行与腾讯提出共建普惠金融、云上金融、智能金融和科技金融；华夏银行则宣布与腾讯在公有云平台、大数据智能精准营销、金融反欺诈实验室、人工智能云客服实验室等方面展开合作。此外，部分 P2P 企业也积极加入智慧金融研发行列。

3.1.3 智慧监管受到行业监管部门的关注

中国人民银行宣布成立金融科技委员会，并提出“强化监管科技的应用实践，积极利用大数据、人工智能、云计算等技术丰富金融监管手段，提升跨行业、跨市场交叉性金融风险的甄别、防范和化解能力”。近年来，随着金融科技的迅猛发展，金融交易和资金流转速度的加快，金融业务的关联性与渗透能力增强，风险传播速度更快，传播范围更广，风险隐蔽性更强，金融监管部门已经意识到只有应用大数据、人工智能、云计算等信息技术，探索智能化监管方式，才有可能快速地发现、甄别、防范和化解风险。

3.2 国外智慧金融的发展现状

3.2.1 智能投顾领域起步较早

智慧金融开发与前沿信息技术息息相关，美国在应用大数据、人工智能等信息科技开发智能投顾产品与服务方面比较领先，统计机构 Statista 的有关数据显示，美国智能投顾管理资产规模到 2021 年将达 5095.55 亿美元，年复合增长率为 29.3%。

3.2.2 改善客户体验的智能应用成果多样

改善客户体验是智慧金融服务的核心目标之一，大量的金融机构、IT 企业试图通过构建智能人机交互平台、开发智能支付应用等不断优化和改善客户体验。

例如，Kasisto公司打造的KAI Banking人工智能平台，可以简化用户的转账、付款等在线操作流程，人与机器可通过自然语言完成金融活动。又如，万事达推出的“自拍支付”、亚马逊推出的“眨眼支付”、苹果公司推出的“指纹支付”等基于生物特征识别的智能支付服务，都在不断丰富用户的支付体验。

3.2.3 智慧保险探索不断深入

部分保险企业在降低经营成本、拓宽营销渠道等方面积极探索，并将有关成果应用到自身的服务改进中。例如，Clover Health公司通过大数据分析平台，实现对用户健康状况的监测及预测分析，并以此为依托采取预防护理措施，降低老年高风险人群患病的概率及医疗费用支出。Next Insurance公司推出在线聊天机器人，客户可以在Facebook上自助咨询和购买保险。Lemonade公司引入人工智能系统，帮助客户计算保费、自助投保和提供保险方案。寿险企业John Hancock为客户提供运动传感器，根据收集的客户的生活数据实时定制保费。

3.2.4 智能风控受业界关注

交易监控与反欺诈是金融业面临的棘手问题，传统的风控大多按以往经验提前建立风险控制机制，风控手段往往存在被动性和滞后性，Accertify、CyberSource、ThreatMetrix等智能风控服务企业试图通过人工智能和机器学习算法，把传统的被动型风控系统升级为可以支持实时反欺诈的智能风控系统。

第二篇

路 径 篇

第4章

通信技术在金融领域的应用

信息通信行业与金融行业有着先天的融合优势，金融科技的发展，更是扩展了这种融合应用的发展空间。随着金融科技在金融领域的广泛应用，信息通信技术和金融的深层融合不断打破现有金融业的边界，重塑金融产业的生态。而金融业与信息通信业的跨界融合，也给信息通信服务监管提出了新的挑战。

4.1 移动互联网技术

4.1.1 移动互联网技术的定义

移动互联网（Mobile Internet，MI）是一种以宽带 IP 为核心的技术，可以同时提供数据、语音、图像、视频等多种开放式的基础网络服务。移动互联网具有用户群庞大、便携性、永远在线、占用用户碎片时间、网络随时随地存在等特点。移动互联网主要包括 6 个技术领域，如图 4-1 所示。

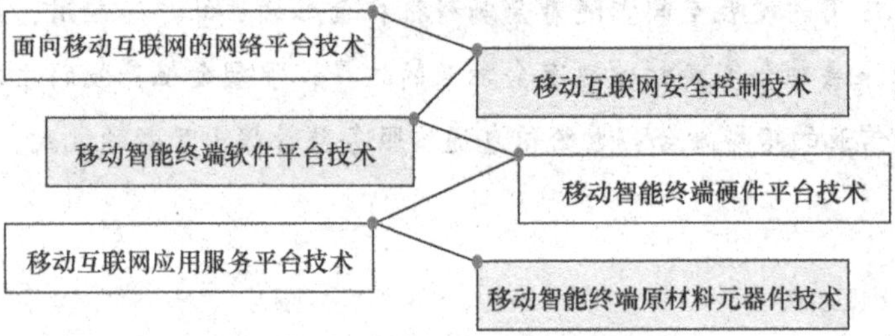

图4-1　移动互联网的6个技术领域

移动互联网包含终端（包括平板电脑、智能手机、电子书等）、软件（包括操作系统、数据库、中间件和安全软件等）和应用（包括工具媒体类、休闲娱乐类和商务财经类等不同应用与服务）3 个层面。

移动互联网是互联网和移动通信的结合体。移动互联网在带宽、距离、抗干扰能力、安全性等方面已经接近有线网络，市场价值较高。移动互联网技术具有传输距离远、覆盖区域广、抗干扰能力强、应用广泛、绿色环保的优势。移动通信的核心特征是随身、互动，互联网的核心特征是开放、分享、互动、创新，将二者综合起来，就形成了移动互联网的基本特征：便捷、智能感知和个性化。

4.1.2 移动互联网技术在金融业中的应用

移动互联网为金融客户交易与其他行为数据的采集、传输、交换和处理提供了网络平台，为金融数据的快速分析和实时响应提供了通信保障，同时也确保了金融服务的覆盖面和可获得性。移动互联网金融突破了传统 PC 网络金融服务的时间和空间的限制，使得金融服务更具有灵活性、普惠性，已经成为金融行业发展的趋势。移动互联网金融具备以下特点。

（1）操作更便捷

随着智能手机、平板电脑的广泛应用，用户可以更好地享受互联网所提供的金融服务。当前，用户只需在手机等移动终端上进行资金转账、支付以及证券交易等操作。并且，移动网络的推送功能可方便地让广大客户在较短的时间内获得自己想要的金融信息。用户看到某个喜爱的商品时，可借助移动设备就能够很快地查询出该商品的基本属性、价格情况以及购买渠道，并可以迅速地完成所有金融服务流程。

（2）参与度更高

移动互联网使众多用户能够直接参与金融生产。以用户购买商业银行理财产品为例，在传统的银行服务 B2C（business to customer，企业对消费者）模式下，只有在银行发行标准化的产品后，用户才可以选择和购买与自己需求最接近的产品。但在移动互联网金融时代，商业银行可以基于大数据分析，有针对性地邀请用户主动提出需求，比如金融产品的期限、金额以及风险偏好等，当具有同类需求的用户达到一定数量时，商业银行可以根据客户需求来发行相应的产品，从而实现商业银行与客户的价值共赢。

（3）中间成本更低

线下的 POS 刷卡器的硬件成本高，交易受场地的约束，而手机更方便操作。移动互联网促进品牌商与移动用户建立长期关系，方便双方直接交流沟通，加快摆脱中介平台和加速商业化进程。因此，移动互联网金融方便股票、期货、黄金等金融产品的交易，不但减少了中间环节，而且提高了效率，大大地降低了交易成本。

（4）协作性更好

移动互联网金融被应用在通信、IT、信息和金融等多个行业，通过移动终端，实现水、电和煤气等费用的移动支付，实现股票类的移动证券交易、实现购物消费的移动电子商务、实现行内或者跨行不同账户间的移动转账等，这些业务都需要以银联为代表的金融机构、通信运营商、信息网络安全企业和掌握移动互联网入口的互联网公司、以支付宝为代表的第三方支付机构等多个参与方的合作，在共生互赢的模式和机制上，为了彼此的利益和发展，培育和建立各行各业更为紧密的协作关系。

（5）透明度更强

移动互联网金融将过去固化的生活方式转变成移动化，将传统的金融经营和管理模式变得更加开放和透明。移动互联网的部分用户愿意在一些群体里分享自己的行踪和经历，如用户在微理财上获得一笔授信，会主动将体验过程与人分享，不仅提高了自己的透明度，还增强了朋友对自己的信任度，提升了自己的个人信用，从而获得金融行业的更高授信。移动互联网用户还可以通过移动终端实时地了解通过哪家银行的信用卡能够享受何种优惠、能否申请消费贷款等金融信息，从而促进各种金融信息变得更加透明和公开。

4.2 物联网技术在金融领域的应用

通俗地讲，物联网就是用新一代的信息通信技术将分布在不同地点的物体连接起来，使得物体之间能够像人与人一样相互通信，以增强物体智能化。物联网通信技术可以让分处在不同地域的物体协同工作。

物联网是互联网的延伸和发展，其目标是实现人与人、人与物、物与物之间的信息交换。物联网技术作为我国一项长期规划的技术，已受到各个行业的广泛重视。物联网技术的日益成熟与推广，必将给银行业的信用评价体系、支付方式、业务运营和管理方式等诸多方面带来革命性的技术创新，为金融业不断发展带来巨大的市场发展空间。金融业也必将与无所不在的物联网融合，构建“物联网金融”智慧体系。

4.2.1 物联网技术

物联网是在互联网的基础上，通过射频识别等信息传感设备将所有和人类社会息息相关的物体进行网络连接，以实现智能化识别、定位、跟踪、精准化管理的一种网络技术。

物联网技术是以互联网为代表的信息技术集成的，技术内容具体包括以下几个方面。

4.2.1.1 射频识别技术

RFID（Radio Frequency Identification，射频识别）可对附着在目标物品上的电子标签进行全球范围内的追踪和识别。例如，装有电子标签的汽车通过高速公路收费站时能被自动识别，无须停车缴费，大大提高了收费站的识别效率。

4.2.1.2 传感器技术

传感器可通过声、光、电、热、力、位移、湿度等信号来感知现实世界，为物联网提供最原始的信息。例如，通过温度传感器可感知鱼塘水温，通过压力传感器可感知桥梁的受力情况。

4.2.1.3 传输技术

使用传输技术可实现物联网中物与物、人与物之间信息的交互。

4.2.1.4 信息融合技术

信息融合技术可对收集到的各种感知信息进行综合分析、处理，以实现实时监控、信息管理、实时预警、智能决策等功能。

4.2.2 物联网技术在金融行业的应用

4.2.2.1 物联网技术在银行业中的应用

（1）改变信用评价体系

目前，银行基本上是通过信贷人员去企业实地调研来了解企业的运营状况和财务情况进而进行信用评估，由于后期缺乏对实体企业发展的有效掌控，因此存在难以发现放贷风险的隐患。在物联网时代，银行可以通过物联网技术实时、动态地掌控授信企业的全部运营情况，其中包括采购渠道、生产过程、下游销售情况等，从而及时调整贷款进度和额度，开展贷前调查、贷中管理、贷后预警，降低违约风险，提高风险控制水平。银行通过物联网技术，从主观信用模式转向客观信用模式，建立起更为客观的信用体系，从而提升风险控制管理水平。

（2）提高金融支付业务的安全性

目前，金融 IC 卡、移动支付业务已成为物联网技术在金融行业重要的应用成果。金融 IC 卡通过卡里的集成电路存储信息，具有复制难度高、保密性好的特点，从根本上提高了银行卡的安全性。另外，金融 IC 卡具备多应用加载平台，可以将多种非银行业务功能集中到一张卡上，有利于商业银行的业务创新。手机移动支付，增加了点对点的信息通道，有线与无线配合使用的双重验证提升了安全性，比金融 IC 卡的安全性更高，同时提升了支付的便捷性。

4.2.2.2 物联网技术在供应链金融中的应用

供应链金融是商业银行信贷业务的一个专业领域，也是中小企业的一种融资渠道。传统的供应链金融服务项目单一，对下游企业开发不足。物联网技术的应用将核心企业和上下游企业联系在一起，使其可以提供灵活的金融产品和服务。

“物流网技术 + 供应链金融”的模式主要是通过全球定位、生物识别等手段，对目标进行识别、定位、跟踪、监控等系统化、智能化的管理，然后汇总并分析数据，使客户、监管方和银行等各方参与者均可以从时间、空间两个维度全面感知和监督动产存续的状态和发生的变化，进而监控风险和预测市场规模。这种无遗漏的环节监管，将会极大地降低企业金融项目的投资风险。

（1）物联网技术解决了动产质押物流和库存监管问题

因动产质押贷款市场需求量巨大，特别是动产资产占比高的中小企业对融资需求十分迫切。然而，由于质押动产监管难，经常会出现动产质押贷款违约事件，加大了动产质押融资风险，所以，银行不愿意发放动产质押贷款。

而物联网可以利用传感技术、导航技术、定位技术等让物流环节（尤其是仓储和货运环节）变得可视化。这样不仅有利于银行监管企业的物流以及库存情况，同时可减少人为操作上的失误，从而降低银行的融资成本。

（2）物联网技术可优化整个产业供应链链条

企业无法做到对物流配送端到端全过程状态的实时、有效、即时的监控，迫于生产保障压力，企业会放大物料需求量，从而在上游形成“牛鞭效应”，增加物料仓储和配送运输的附加成本，增加企业的风险，甚至影响企业还款。

物联网可实现万物可追踪和相连。物联网技术中的 RFID 技术在供应链各个环节上的应用，能对整个供应链上的每一个零件、每一个配件、每一件产品的数据做到实时跟踪、实时监控，供应链系统的上下游企业信息会非常畅通，从而使“牛鞭效应”的影响变为可控。

4.2.2.3 物联网技术应用于资产管理

在智慧金融领域，我们可以将物联网技术应用于资产管理，帮助金融业创造更多的价值。

银行有金融行业内最大的实物资产，一部分是自有的固定资产，如建筑物、网点、自助设备、IT 设备、金融自助设备等；另一部分是现金、支票、债券等重要会计凭证；还有一部分是信贷抵押资产，如房屋、设备等，这些实物资产数量庞大，种类众多。

作为金融机构，银行对资产的安全性要求极高，传统的管控方式多是从制度层面管控，如双岗双责、前后台分离、定期盘点对账、飞行检查等，耗费了大量的人力和财力，而且管理效率不高，无法满足互联网时代的金融行业高效运营的要求。

随着物联网技术的日趋成熟和通信成本的下降，银行采用先进技术实现对各类金融资产实物的有效管理成为必然趋势。

（1）针对银行的自有固定资产

银行除了关心自有固定资产的数量、价值等财务数据外，还应该关注自助设备、IT 设备、安防设备等业务必备的基础设施的开机率、故障率、维修保养情况等运行数据。银行可以建立一个服务平台，给每台设备贴上电子标签，应用物联网技术对基础设施的运行情况进行监控，提供一键报修、定期保养提醒、非现场资产盘点等多种服务，从而提高银行固定资产管理和运维的效率，降低资产管理成本。

（2）针对现金类的实物资产

银行可以研发现金类实物资产专用的保管设备，如电子密码锁、电子钱箱、贵重物品保管盒（柜）等。银行开启保管设备时，需要后台管理系统授权（身份认证和电子密钥）。另外，保管设备内置各种传感器，以记录设备的震动、非授权开启，并传送至后台系统预警处置，从而保障内置贵重物品的安全。这些新型电子保管设备不需要携带钥匙，不需要记忆密码，更不需要使用登记簿，这不仅提高了现金类流动资产管理的作业效率，而且保障了现金类资产的安全。

（3）针对信贷抵押资产

针对信贷抵押资产，银行除了关注资产本身的安全性外，更关注企业的运营状况。查询资产的传统方式是银行派人员去企业进行调研和翻阅财务报表，但数据的时效性较差。另外，银行客户经理易受各种情况干扰，从而影响报表的真实性。在物联网场景下，银行可以实时采集设备的状态数据，通过各种通信手段将数据传送至银行后台，银行电脑系统根据这些数据实时地分析出企业的运行情况，各业务部门不用“出门”就可以掌控相关企业抵押资产的状况。譬如，银行根据机器设备的功率，可以推算设备的耗电量，再与实际电表电量对照，即可知道工厂的开工情况。

银行还可以应用物联网技术计量和追溯企业的原材料和产品，实现供应链金融的智慧化，这些技术手段将大大提升金融业的运营效率，为实体经济提供更高效的金融服务。

（4）融资租赁行业的资产

租赁公司因其资产的属性，更加关注融资资产的安全性和承租人的业务运行情况。传统的实地巡查、报表分析和引起关注等方法，效率低、成本高，已不能满足风控的要求，风控手段的落后又制约了业务的拓展。融资租赁机构可建设一个基于物联网技术和多种通信手段为一体的数字化资产管控平台，实现对租赁资产的非现场巡查、资产状态提醒及预警等。该平台不仅能高效率地管控租赁资产的风险，降低管理成本，而且对融资租赁业务的发展具有很大的促进作用。

物联网通信技术在金融行业智慧资产管理方面的应用也会逐步展开，在促进金融行业发展的同时，也为物联网企业提供了广阔的发展空间。

4.3 量子通信技术及其在金融领域的应用

4.3.1 量子通信技术的定义

量子通信是指利用量子效应加密并进行信息传输的一种通信方式。

量子通信主要涉及量子密码通信、量子远程传态和量子密集编码等内容，这门学科已逐步从理论走向实验，并向实用化发展。

量子通信又称量子隐形传送，是指一种无影无踪的传送过程。量子通信是由量子态携带信息的通信方式，利用光子等基本粒子的量子纠缠原理实现保密通信的过程。量子通信是一种全新的通信方式，传输的不再是经典信息而是量子态携带的量子信息。

按照常理，信息的传播需要载体，而量子通信是一种不需要载体的信息传递。人们基于量子隐形传输信息的过程提出了量子因特网的构想。量子因特网是用量子通道联络许多的量子处理器，处理器可以同时实现量子信息的传输和处理。相比于经典的因特网，量子因特网具有安全保密特性，可实现多端的分布计算，从而可有效地降低通信复杂度等一系列问题。

而量子密码技术是量子通信的一个重要部分。量子密码技术与传统的密码技术不同，是以物理学作为安全模式的关键方面。实质上，量子密码技术是基于单个光子的应用和它们固有的量子属性开发的不可破解的密码技术，在不干扰系统的情况下是无法测定量子状态的。量子密码技术在公共的键值密码术中又是连接键值交换的一种相对较容易、方便的方式。

4.3.2 量子通信技术在金融领域的应用

金融领域是量子通信技术应用中较为成熟的领域，而如何合理高效地存储、管理、传输、应用金融信息的海量数据，保障数据信息的安全可靠性和私密性是当前技术的主要难题。目前，在可实用化保密通信体系中，唯有量子保密通信具有严格的安全性证明，可在物理层上实现金融数据量子加密传输与存储解决方案，作为未来金融与资讯领域的先进通信安全技术手段予以储备，有望满足未来金融与资讯领域的通信安全需求。在中国人民银行、中国银行保险监督管理委员会等单位的指导下，国内多家银行与证券单位已经或正在利用量子通信技术进行同城数据备份和加密传输、网上银行加密、异地备灾及视频会议等示范应用。

区块链的分布式记账方式在金融等领域的应用需求不断增长，区块链的安全问题也成为业界备受关注的热点。随着量子保密通信的崛起及量子密码技术的不断发展，量子密钥分发与区块链技术相结合，为现代金融领域提供全新的安全保障方案。

4.4 无线光通信技术在金融领域中的应用

4.4.1 无线光通信技术的定义

无线光通信是一种无须光纤的通信手段，是现代光纤通信的有力补充，具有以下特点。

① 快速链路部署。无线光通信无须埋设光纤，施工周期大大缩减，通常只需要几个小时便可以完工。这对于电信运营商来讲，无疑是快速抢占市场的最

佳选择。

② 拥有光纤传输的性能。理论上，无线光通信的传输带宽与光纤通信的传输带宽相同，但是光纤通信中的光信号在光纤介质中传输，无线光通信的光信号在空气介质中传输。因此也有人把无线光通信技术称为虚拟光纤通信技术。

③ 无线光通信产品作为一种物理层的传输设备，可以不依赖于任何协议。

④ 与微波无线通信相比，无线光通信产品不需要申请频率使用权。目前，全球各厂商提供的设备多工作在红外频段，该频段不仅有丰富的频谱资源，且在全世界范围内均不受管制，这为无线光通信技术的灵活应用提供了有利条件。

⑤ 传输保密性好。无线光通信的波束很窄，是不可见的，很难在空中发现一条业务链路；这些波束又非常定向，是对准某一接收机的，如想截获，就需要用另一部接收机在视距内对准发射机，这是很难做到的。如果链路被中断，就会被用户发现，因此，无线光通信比无线通信安全得多。

4.4.2 无线光通信技术在金融行业中的应用

无线光通信在金融行业有着广阔的应用前景。

在金融机构的运作环节中，建筑物之间的通信连接是非常关键的。即使是发生几分钟的网络故障，都会导致企业数百万元的损失，更不要说是发生几个小时的故障。在当今 IT 行业安全指数不稳定的大环境下，客户期望知道数据是否安全和有保障。在校园或人口密集的大都市环境中，建筑物之间通过租用专线或无线微波链路实现连接，尽管提供的是优质服务，但这些方式都存在缺陷：由于施工单位疏忽造成的通信电缆损坏就是租用专线常见的案例；运营商网络中的电源或系统故障也会引发额外的停机；无线微波链路可能会受到视距范围内障碍物的阻挡或其他干扰源及雨衰造成的中断影响。

所有的重要应用场合，都需要备份链路。怎样为一条租用专线备份？显而易见的答案是向其他运营商租用专线。然而在人口密集的城市地区，潜在的阻碍就是电缆管道。电信运营商为了建立网络不得不共用管道，在管道遭到整体损坏危及内部所有的铜线和光纤电缆时，工作人员通常需要 8 个小时才能将其修复。而解决这一问题的最好方法就是应用无线光通信技术。

第5章

大数据技术在金融领域的应用

我国非常重视大数据的发展。金融业的信息资源极其丰富，信息化程度高，因此，大数据技术在金融领域的应用起步早、发展快，已经成为金融行业的基础技术。当前，金融行业的大数据应用技术已经非常普遍和成熟，也取得了较为显著的应用成效。

5.1 大数据技术

5.1.1 大数据的含义

如果把大数据当作一项产业，那么这项产业实现盈利的关键在于提高对数据的“加工能力”，通过“加工”实现数据的“增值”。

5.1.2 大数据的特点

大数据具有如图 5-1 所示的特点。

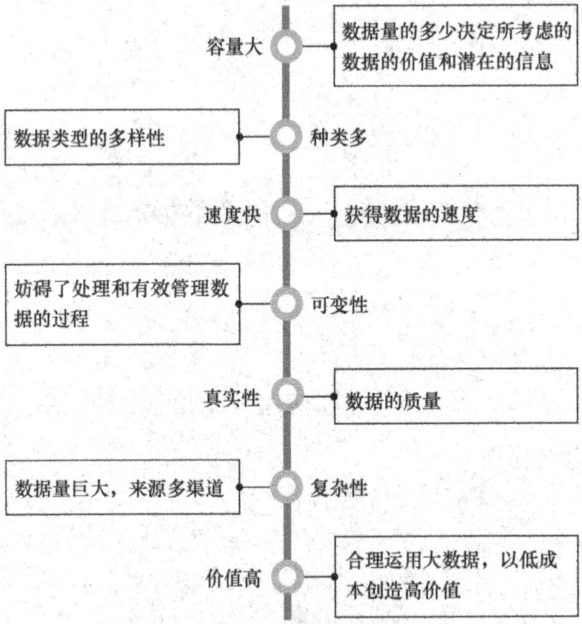

图5-1 大数据的特点

5.1.3 大数据依托的技术

从技术上看，大数据与云计算的关系就像一枚硬币的正反面一样，密不可分。大数据必然无法用单台的计算机处理，必须采用分布式架构处理。大数据技术的特色在于对海量数据进行分布式数据挖掘，但也必须依托云计算的分布式处理技术、分布式数据库和云存储技术、虚拟化技术，具体如图 5-2 所示。

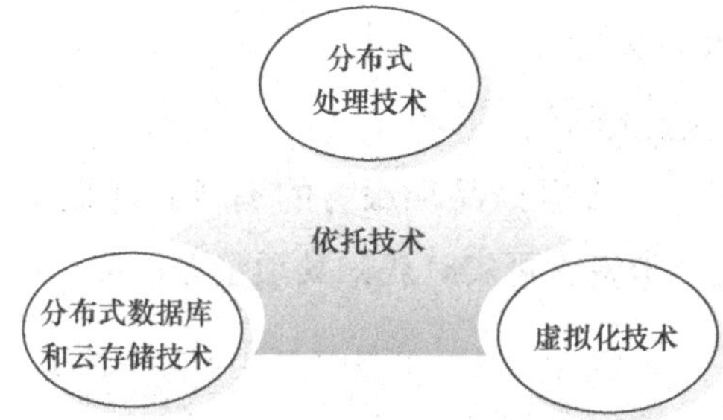

图5-2 大数据依托的技术

5.2 金融大数据

金融业积累的大数据是企业金融大数据，由于银行金融数据和证券金融数据的种类不同，因此这些数据又被分成银行金融大数据和证券金融大数据。在数据积累的过程中，行业内产生了数据采集、存储、使用相关的工作和企业，形成了金融大数据的产业链。

5.2.1 企业金融大数据的产生

随着信息技术的全面发展，当企业金融大数据产业具备提供信息技术服务之外的金融服务能力时，便产生了金融大数据。企业金融大数据是技术服务催生出来的。

5.2.2 企业金融大数据的特点

（1）网络化的呈现

在大数据金融时代，大量的金融产品和服务通过固定网络和移动网络展现。其中，移动网络逐渐成为大数据金融服务的一个主要通道。随着法律、监管政策的完善以及大数据技术的不断发展，更多、更加丰富的金融产品和服务将会通过网络呈现。结算、网贷、P2P、众筹融资、资产管理、现金管理、产品销售、金融咨询等功能都将通过网络实现。

（2）信息不对称性大大降低

在大数据金融时代，金融产品和服务的消费者和提供者之间的信息不对称的程度将大大降低。消费者可实时获知某项金融产品（服务）的支持和评价信息。

（3）效率高

大数据金融无疑是高效率的，许多流程都是在线上发起和完成的，有些流程是自动实现的，在合适的时间、地点，把合适的产品以合适的方式提供给有需要的消费者。同时，其强大的数据分析能力将提高金融业务的效率，大幅降低交易的成本。

（4）企业服务边界逐步扩大

金融企业最适合扩大经营规模。基于大数据技术，金融企业的效率得以提升，经营成本随之降低，其成本曲线形态也会发生变化。长期的平均成本曲线，会更快到达底部，也会更平坦、更宽地过渡。

基于大数据技术，金融从业人员的个体服务对象会更多。换言之，单个金融企业的从业人员的数量会有减少的趋势，甚至市场人员的数量有减少的趋势。

（5）产品的可控性、可接受性得以提高

对于消费者而言，网络化呈现的金融产品是可控、可接受的。可控，是指在消费者看来，风险是可控的。可接受，是指在消费者看来，首先，收益（或成本）是可接受的；其次，产品的流动性也是可接受的；最后，消费者基于金融市场的数据信息，也是可接受的。

5.2.3 企业金融大数据的创新

企业金融大数据已经从多个方面促进了高频交易、市场情绪分析和信贷风险分析三大创新。

（1）高频交易

以高频交易为例，交易者为获得利润，利用硬件设备和交易程序的优势，快速获取、分析、生成和发送交易指令，在短时间内多次买入和卖出，并不持有大量未对冲的头寸过夜。

现在的高频交易开始采取“战略顺序交易”，即交易者通过分析金融大数据，识别出特定市场参与者留下的足迹。例如，如果一只共同基金通常在收盘前的一分钟的第一秒执行大额订单，则交易者能够识别出这一模式的算法，可预判出该基金在其余交易时段的动向，并执行相同的交易，那么该基金继续执行交易时将付出更高的价格，使用算法的交易商可趁机获利。

（2）市场情绪分析

金融市场的投资者试图开始将研究与应用结合起来。对冲基金的投资者从Twitter、Facebook 等社交媒体中提取市场情绪信息，开发交易算法。例如，投资者一旦从社交媒体中发现有自然灾害或恐怖袭击等意外信息公布，便会立即抛出订单。

（3）信贷风险分析

金融机构希望收集和分析大量中小微企业用户的日常交易的数据，判断其业务范畴、经营状况、信用状况、用户定位、资金需求和行业发展趋势，解决由于中小微企业财务制度的不健全而无法真正了解其真实的经营状况的难题。

阿里小额贷款 App 首创了从风险审核到放贷的全程线上模式，将贷前、贷中以及贷后 3 个环节形成有效连接，向通常无法在传统金融渠道获得贷款的弱势群体批量发放“金额小、期限短、随借随还”的小额贷款。

首先，App 通过阿里巴巴、淘宝、天猫、支付宝等电子商务及支付平台，收集客户积累的信用数据，利用在线视频全方位地定性调查和分析客户资信及其在交易平台上的信息，并对信息进行量化处理；同时引入海关、税务、电力等外部数据加以匹配，建立数据库模型。

其次，App 通过交叉检验技术辅以第三方验证确认客户信息的真实性，将客户在电子商务网络平台上的行为数据映射到企业和个人的信用评价中，通过沙盘推演技术对客户评级分层，研发评分卡体系。

最后，在风险监管方面，App 开发网络爬虫系统，突破地理的限制，捕捉和整合相关人际关系信息，并通过设立的规则及其关联性分析得到风险评估结论，结合评估结论与贷前评级系统进行交叉验证，形成风险控制的双保险。阿里小额贷款 App 还可凭借互联网技术监控贷款的流向，如果客户贷款是用于扩展经营的，阿里小额贷款 App 还将会为他们投放相关广告。

5.3 大数据在银行业的应用

国内不少银行已经开始尝试通过大数据来驱动业务运营，例如：中信银行信用卡中心使用大数据技术实现了实时营销；光大银行建立了社交网络信息数据库；招商银行则利用大数据发展小微贷款。总体来看，银行大数据应用可以分为四大方面，如图 5-3 所示。

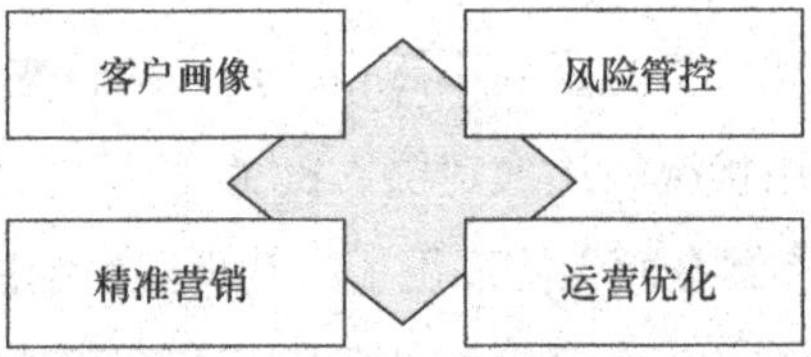

图5-3 银行大数据的应用场景

5.3.1 客户画像

客户画像主要分为个人客户画像和企业客户画像。个人客户画像包括人口统计学特征、消费能力数据、兴趣数据、风险偏好等；企业客户画像包括企业的生产数据、流通数据、运营数据、财务数据、销售数据、客户数据、相关产业链上下游数据等。值得注意的是，银行拥有的客户信息并不全面，仅基于银行自身拥有的数据，有时难以得出理想的结论甚至可能得出错误的结论。比如，如果某位信用卡客户月均刷卡 8 次，平均每次刷卡金额 800 元，平均每年打 4 次客服电话，从未有过投诉，按照传统的数据分析，该客户是一位满意度较高、流失风险较低的客户。但如果看到该客户的微博，得到的真实情况是：工资卡和信用卡不在同一家银行，还款不方便，好几次打客服电话没接通，客户曾多次在微博上抱怨。银行依据这些情况可以判定该客户流失风险较高。所以，银行不仅仅要考虑自身业务所采集到的数据，还应考虑整合外部更多的数据，以更好地了解客户。客户画像的应用包括以下几点。

① 分析客户在社交媒体上的行为数据（如光大银行建立了社交网络信息数据库）。银行通过挖掘其内部数据和外部社会化的数据可以获得更为完整的客户拼图，从而进行更为精准的营销和管理。

② 分析客户在电商网站的交易数据。例如：建设银行将其电子商务平台和信贷业务相结合；阿里金融为阿里巴巴用户提供无抵押贷款，用户只需要凭借过去的信用即可操作。

③ 分析企业客户的产业链上下游数据。如果银行掌握了企业所在的产业链上下游的数据，就可以更好地掌握企业的外部环境发展情况，从而可以预测企业未来的经营状况。

④ 分析客户兴趣爱好的数据，如数据管理平台上的互联网用户行为数据。

5.3.2 精准营销

在客户画像的基础上，银行可以有效地开展精准营销，如图 5-4 所示。

5.3.3 风险管控

风险管控包括银行对中小企业贷款风险评估和欺诈交易识别等手段，如图 5-5 所示。

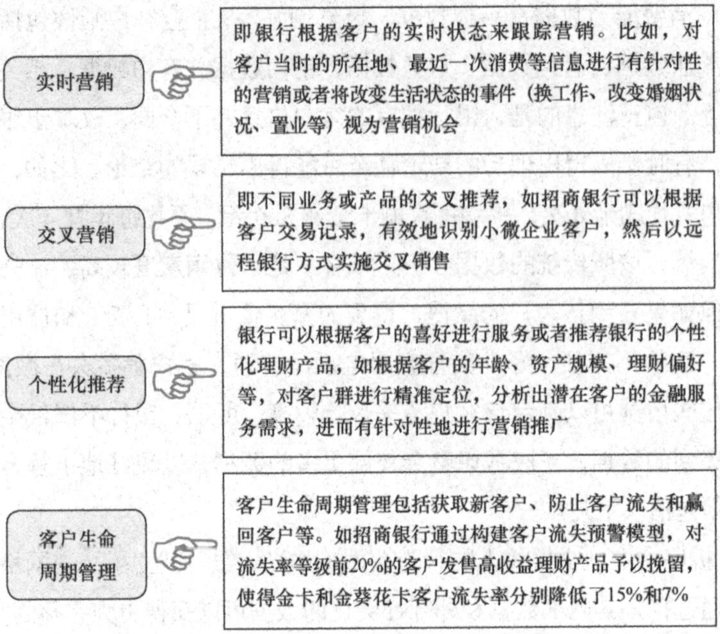

图5-4　精准营销的4个方面

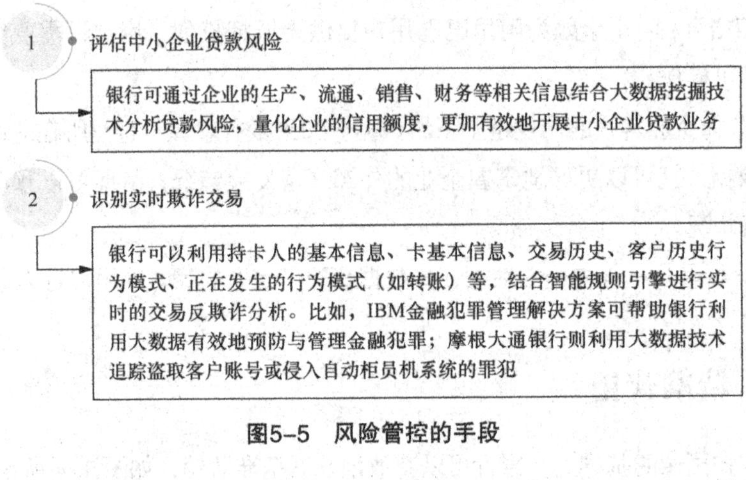

图5-5　风险管控的手段

5.3.4　运营优化

运营优化的应用场景见表5-1。

表5-1　运营优化的应用场景

序号	应用场景	说明
1	市场和渠道分析优化	银行可以通过大数据监控不同市场的推广渠道，尤其是网络渠道推广的质量，进而调整和优化合作渠道；同时，银行也可以分析哪些渠道更适合推广哪类银行产品或者服务，从而优化渠道推广策略
2	产品和服务优化	银行可以将客户行为转化为信息流，并从中分析客户的个性特征和风险偏好，更深层次地理解客户的习惯，智能化分析和预测客户需求，从而进行产品创新和服务优化。比如，兴业银行利用大数据技术分析还款数据，挖掘和区分优质客户，根据客户还款数额的差别，提供差异化的金融产品和服务方式
3	舆情分析	银行可以通过爬虫技术，抓取社区、论坛和微博上关于银行以及银行产品和服务的相关信息，并通过自然语言处理技术进行正负面判断，尤其是可以及时掌握银行以及银行产品和服务的负面信息，及时发现和处理问题。对于正面信息，可以加以总结并继续强化。同时，银行也可以抓取同行的正负面信息，及时了解同行做得好的方面，以作为优化自身业务的借鉴

他山之石

光大银行大数据风控智能化数据产品：滤镜

以大数据、移动互联网为代表的新型技术正在推动实体经济变革与创新，银行的风险管理决策方式也逐步向智能化和移动化的方向转变。近年来，光大银行的科技创新机制催生了大量创新项目，支持行内业务智能化转型，其中大数据实验室在风险管理领域积极开展风险预警分析研究，成功孵化了数据产品——滤镜。该产品利用大数据技术对企业客户进行过滤，提示高信用违约倾向的企业名单，向总、分行风险管理决策者提供更加科学精准的决策支持。

“滤镜”应用于风险预警、风险分析、风险排查等场景。

“滤镜”数据产品依托光大银行首个移动应用平台——光速观察，应用多项大数据分析技术，构建大数据风险预警模型，采用名单式管理模式，向总、分行风险管理决策者提示具有高信用违约风险的企业信息，从而有效地提升风险决策的时效性和精准度。

“滤镜”将社交网络分析技术充分应用到风险预警监控系统中，综合运用图算法进行客户风险的预测，精准锁定潜在风险客户。该数据产品可对隐匿在客户行为和客户交往圈中的资金短缺、风险传播、群体违约等风险事件特征化，揭示客户潜在的信用违约风险。

“滤镜”自2016年5月底开始上线试运行，通过评价分析，经大数据预警过滤的企业在预警后6个月发生违约的平均概率为27%，比传统基于专家规则模型的预警准确率有明显提升。“滤镜”目前以月度为单位产生预警客户名单，月均预警客户数约300个，对应预警客户授信余额达300亿元，据此估算可能为客户减少的损失可达数十亿元。

他山之石

恒丰银行全面风险预警系统

恒丰银行近年来陆续推出了信贷工厂、消费金融、供应链金融等一系列网贷、平台贷业务，为不同行业、不同规模的客户提供了丰富的信贷类产品。业务规模快速发展的同时，如何快速、全面地识别、监测、防范客户的信用风险，成为了全行风险管理最为重要的工作之一。对此，恒丰银行提出通过应用大数据技术构建信用风险预警系统，以确保风险信息归集、监测、审查的准确性、及时性，强化风险预测能力。

恒丰银行全面风险预警系统应用于贷前、贷中、贷后风险的检查、监测、预测和缓释控制等场景。

全面风险预警系统依托于星环大数据基础平台，整合行内外数据，其中包括行内授用信、不良、逾期、征信等数据，行外司法、舆情、风险信号、工商、关联关系等数据，并以多种方式为客户提供风险提示和风险发现功能，为及时处置风险争取时间。数据主要以行内交易、业务数据沉淀、外部数据采购等方式接入，结构化、非结构化数据共治。恒丰银行整合了约1000万家企业的相关信息，通过批处理和数据加工处理，能够在1s之内为用户提供需要的服务。

恒丰银行信用风险预警系统自投产上线以来，风控能力逐步提升，在客户风险识别效率、准确率、成本控制等方面较传统风控手段有了大幅提高。以某平台贷为例，自风控系统启用以来，其新增授信业务逾欠率控制在

1% 以内，且呈逐渐降低态势；新增的网贷、平台贷授信业务发放效率显著提升。

5.4 大数据技术在保险行业的应用

大数据技术可以帮助保险行业精准营销，根据客户需要推荐保险产品，按照客户需要设计产品。大数据可以帮助保险公司掌握意外事件发生的概率，更加精准地设计保险产品，提高产品收益，延长保险产品周期。

5.4.1 大数据技术在保险行业的应用范围

在传统的个人代理渠道，保险代理人的素质及人际关系网是其业务开拓的关键因素，而大数据在新客户开发和维系中的作用和地位没那么突出。但随着互联网、移动互联网以及大数据技术的发展，网络营销、移动营销和个性化的电话销售的作用将会日趋明显，越来越多的保险公司意识到大数据技术在保险行业中发挥的巨大作用。总体来说，保险行业的大数据应用可以分为客户细分及精细化营销、欺诈行为分析和精细化运营三大方面，如图 5-6 所示。

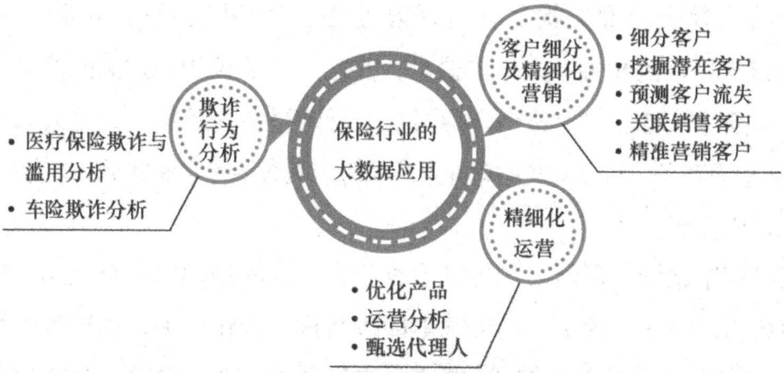

图5-6 保险行业的大数据应用

5.4.1.1 精细化营销

（1）客户细分和差异化服务

风险偏好是确定保险需求的关键。风险喜好者、风险中立者和风险厌恶者对于保险需求有不同的态度。一般来讲，风险厌恶者对保险有更大的需求。保险公司在细分客户的时候，除了应用风险偏好数据外，还要结合客户职业、爱好、习惯、家庭结构、消费方式等偏好数据，利用机器学习算法来对客户进行分类，并针对分类后的客户提供不同的产品和服务。

（2）挖掘潜在客户及预测流失客户

保险公司可通过大数据技术整合客户线上和线下的相关行为，通过数据挖掘手段对潜在客户进行分类，细化销售重点。保险公司也可通过大数据技术挖掘数据，综合考虑客户的信息、险种信息、既往出险情况、销售人员信息等，筛选出影响客户退保或续期的关键因素，并通过由这些因素建立的模型，估计客户的退保概率或续期概率，找出高风险流失客户，及时预警，制订挽留策略，以提高保单续保率。

（3）客户关联销售

保险公司可运用关联规则找出最佳险种销售组合，利用时序规则找出客户生命周期中购买保险的时间顺序，从而把握客户提高保额的时机，建立既有客户再销售清单与规则，从而促进保险的销售。除这些做法外，借助大数据，保险公司还可以直接锁定客户需求。以淘宝运费退货险为例，淘宝用户运费险索赔率在 50% 以上，该产品为保险公司带来的利润只有 5% 左右，但是有很多保险公司都有意愿去提供这种保险业务。用户购买运费险后，保险公司就可以获得该用户的相关个人基本信息，并能够了解该用户购买的产品信息，从而可以精准推送保险。假设该用户购买并退货的是婴儿奶粉，保险公司就可以推测该用户家里有孩子，可以向其推荐儿童疾病险、教育险等利润率更高的保险产品。

（4）客户精准营销

在网络营销领域，保险公司可以通过收集互联网用户的各类数据，如地域分布等属性数据，网络上搜索的关键词等即时数据，购物行为、浏览行为等行为数据，以及兴趣爱好、人脉关系等社交数据，在广告推送中实现地域定向、需求定向、偏好定向、关系定向等，最终实现精准营销。

5.4.1.2 欺诈行为分析

基于企业内外部交易和历史数据，保险公司可实时或准实时预测和分析欺诈等非法行为，如医疗保险欺诈与滥用分析、车险欺诈分析等。

（1）医疗保险欺诈与滥用分析

医疗保险欺诈与滥用通常可分为两种：一种是非法骗取保险金，即保险欺诈；另一种则是在保额限度内重复就医、反复报销理赔金额等，即医疗保险滥用。保险公司可以利用大数据技术，寻找影响保险欺诈最为显著的因素及这些因素的取值区间，建立预测模型，并通过自动化计分功能，快速将理赔案件依照滥用欺诈可能性进行分类处理。

（2）车险欺诈分析

保险公司可以利用过去的欺诈事件建立预测模型，将理赔申请分级处理，从而在很大程度上解决车险欺诈问题，如车险理赔申请欺诈、业务员及修车厂勾结欺诈等。

5.4.1.3 精细化运营

（1）产品优化

在没有精细化的数据分析和挖掘的情况下，保险公司把很多客户都放在同一风险水平之上，客户的保单并没有完全解决客户的各种风险问题。但是，基于大数据技术，保险公司可以通过自有数据以及客户在社交网络的数据，解决现有的风险控制问题，为客户制订个性化的保单，使其获得更准确以及更高利润率的保单模型。

（2）运营分析

保险公司基于企业内外部运营、管理和交互数据分析，借助大数据平台，全方位地统计和预测企业经营和管理绩效；基于保险保单和客户交互数据进行建模，借助大数据平台快速分析和预测再次发生或者新的市场风险、操作风险等。

（3）甄选代理人（保险销售人员）

保险公司根据代理人员（保险销售人员）的业绩、性别、年龄以及思维测试等找出销售业绩相对优异的销售人员的特征，优选高潜力的销售人员。

5.4.2 大数据分析在保险业的四大切入点

综合大数据分析的各项优势，我们可以看出大数据分析技术在保险业中存在四大应用切入点，具体如图 5-7 所示。

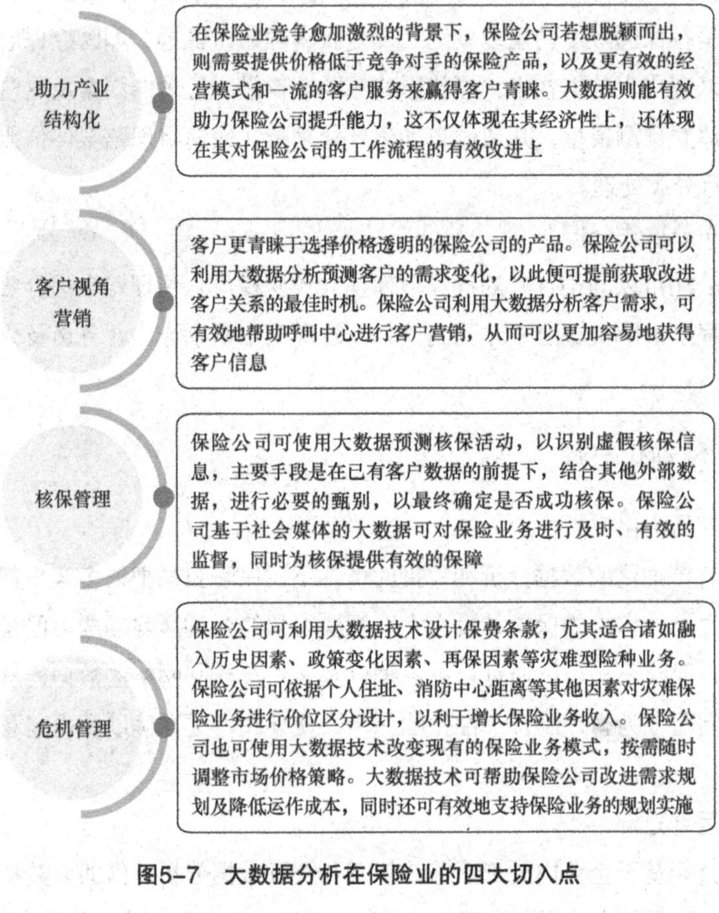

图5-7　大数据分析在保险业的四大切入点

5.4.3 大数据应用下的保险消费特征

大数据时代的到来改变了数据的采集、传输、存储及处理方式，引发了生活方式和社会经济运作方式的变革，也给保险业带来了全面和深刻的影响。保险公司纷纷利用大数据技术进行保险营销、保险服务方面的尝试和创新，但目前的保险大数据环境尚未成熟，现有的保险消费方式还处于由传统向新型、由被动向主动的转变过程中，大数据环境下的保险营销需要适应新的保险消费特征。

5.4.3.1 保险消费选择多样化

在传统的保险运作模式下，保险公司在评估客户的风险水平、消费能力和消费意愿方面的能力不强，导致部分领域的保险产品定价过高，使该领域成为剩余市场。在大数据的环境下，保险公司可以获得全量、实时、潜在的数据分析，进行保险产品细分和个性化的设计，使风险管理和成本管控更加精细化，这为保险产品创新带来了广阔的空间，也使长期困扰保险业的产品和服务同质化问题有望从根本上得到解决。

比如，保险公司根据客户的网站登录痕迹、朋友圈留言、贷款信用记录等信息，发现不同消费群体的保险需求和风险特质，从而为客户提供诸如户外骑行保险、医疗整形保险、变现借款保证保险等特色险种，以满足其多样化的需求。

5.4.3.2 保险消费流程简单化

在传统的保险业务的经营过程中，保险公司与投保人信息不对称的情况较为突出，保险公司要求投保人应当履行如实告知的义务，投保人投保时需要填写内容繁多的投保单，出险后需要提出理赔申请并提供烦琐的证明材料。在大数据环境下，保险公司可以通过各种渠道获取更加全面的风险信息，通过个人信息、交易记录、气象信息等社会数据掌握投保人的情况，获得与承保理赔相关的信息。在控制风险的前提下，投保人的告知责任进一步减少，这有效简化了承保理赔手续，使保险消费流程变得更加简单。

比如，保险公司根据掌握的网络交易数据，研究客户的网购习惯和退货概率，为不同风险的客户提供不同保费的退货运费险，客户只需一键购买即可；对于购买了航班延误险的客户，其无须提供气象证明，甚至不需要提出理赔申请，保险公司就能够根据气象信息等大数据信息为其主动理赔。

5.4.3.3 保险消费理念前沿化

在大数据的环境下，传统保险业在集合大数据方面的优势逐渐弱化，保险技术服务壁垒逐步被瓦解。客户使用各种搜索引擎和比价平台，不断提高消费洞察力，保险消费理念也变得更加前沿。

一方面，越来越多的保险客户脱离了传统柜台的业务模式：使用各种自助终端购买保险；通过手机应用软件轻松完成保险产品的查询和购买，甚至自助完成车险简易案件的查勘工作。

另一方面，保险客户出现偏好碎片化以及谋求资金收益的消费倾向。在透明公开的渠道选择保险产品时，客户更加偏好设计简单、投保便捷、费率较低的保险产品。保障项目经过分解，条款说明更加简单，且产品保费也大大降低，更加适应客户自行挑选的需要。此外，大数据环境下的保险客户比较熟悉互联网金融，容易在各类理财产品间进行比较，在购买网上销售的各类保险产品时更加注重资金收益。

5.4.3.4 保险消费体验延伸化

传统的保险服务集中于经济赔偿与支付，保险消费体验也只局限于保险公司履行了赔付责任。在大数据环境下，保险公司与客户的关系不再是一对一的交互沟通的关系，而是逐渐形成了多维网状交互沟通模式，基于客户数据的客户关系管理变得尤为重要。

保险公司可以借助大数据积累的数据资源，整合汽车修理、零配件供应、医疗健康服务等供应链，进一步延伸保险产业链边界，维护客户关系，在降低保险经营成本的同时，不断优化消费者的保险消费体验。目前，保险公司可以定期为客户提供包括车辆风险检查、保养维修、交易资讯、健康管理在内的各项服务，未来还有可能基于大数据为客户提供更加全面的风险管理创新服务。

5.4.4 保险行业大数据价值变现要领

5.4.4.1 对客户进行画像

保险行业内部拥有大量具有价值的数据，因此，保险行业的大数据战略应该从整合自身数据开始，挖掘已有数据，对客户进行画像。保险公司内部的数据包含客户的个人属性和金融数据，这些数据可用来标签化，为客户画像提供支持。

保险公司可通过业务订单数据、客户属性数据、客户收入数据、客户查询数据、理财产品交易数据、客户行为数据等，建立客户标签。客户的交易记录和个人基本信息将用于客户分类，客户可分为理财客户、教育保险客户、寿险客户、意外险客户、保障险客户、车险客户、少儿保险客户、女性保险客户等。

保险公司的数据主要包含交易数据和订单数据等内部数据，不包括客户外部行为数据，如客户的旅游爱好、教育需求、文化需求、位置轨迹、理财需求、游戏爱好、体育爱好等。而这些外部行为信息都是描述客户的基本信息，也是客户画像的基本标签。

保险公司需要建立大数据管理平台，汇集内部的数据，依据商业分析实现数据的标签化。保险公司还可以引入外部移动互联网数据，借鉴客户外部行为标签数据，丰富保险客户信息，形成360° 客户画像。由于客户行为具有不确定性，保险公司需要及时更新客户画像信息，因此，大数据管理平台中的标签体系和数据，包括引入的外部数据都应该是动态的并且可及时更新的，这样才能保证数据的时效性。

大数据管理平台是保险行业大数据价值变现的基础平台，大数据价值变现的很多场景，如客户画像、精准营销、新客获取、老客经营、客户体验提升、风险评估等，都可以通过大数据管理平台的数据进行挖掘。

5.4.4.2 打造移动App互联网保险平台，标准化保险产品

未来的社会消费主体是年轻人，保险产品的主要客户群也在转向年轻人。保险公司必须了解年轻人的特点，从而设计出适合客户需要的产品，更好地为客户服务。

年轻人追求快捷舒适的消费方式，移动互联网时代到来之后，大部分消费场景正在移动化，人们的许多生活都与移动 App 相关。特别是年轻人，他们的消费场景移动化趋势更加明显。

保险公司应该关注消费场景移动化的趋势，将连接客户的方式从电话和线下转向移动互联网，利用移动 App 同客户相连接。保险公司的客户渠道也应该转向移动互联网，逐步降低电话销售获客比例，将获客的主要资源转向移动 App。

电话销售的一个弊端是信息提供不充分，当保险产品较为复杂时，电话销售将会考验销售人员的表达能力，另外，长时间的沟通对客户体验也是一个较大的挑战。年轻人很难耐心地听完复杂的产品介绍，保险公司利用电话销售来获取客户的难度将会越来越大。在移动互联网时代，电话销售已经成为落后的销售方式，不再适应年轻一代客户的需要。

移动 App 可以提供丰富的产品信息，既可以提供简单明了的产品介绍，又可以提供直观的数据和图表。移动 App 还可以通过视频和图片的形式向客户传达更多的理念和价值。这些丰富的信息不但能够让客户在短时间内了解产品，还可以给客户带来良好的体验，增加客户购买产品的可能性。保险公司利用移动 App 进行产品推荐不但可以提高产品的转化率，还可以降低营销成本，优化客户体验。

保险公司还面临保险产品不够丰富的挑战，从而无法覆盖客户所有场景的保险需要。保险产品设计过于复杂，客户购买时需要掌握的信息过多，购买意愿会降低。保险公司将产品展示平台转向移动 App 后，必须对保险产品标准化，保险产品的介绍一定要简单明了，突出重点，尤其是客户利益，并依据客户的各种场景设计产品。简单、标准的保险产品更能迎合年轻人的需要，有利于产品的快速销售，形成规模，有利于延续保险产品的生命周期，以及降低产品的开发成本。

未来，保险产品需要同生活场景相结合，满足客户对各种保险产品的需要。例如，在车险领域可以增加爆胎险、异物撞击险、自然灾害险、高温险、低温险等。在保障险领域可以增加更多的场景险，例如，交通堵塞险、交通工具延误险、高空坠物险、暴雨险等。

5.4.4.3 以客户为中心设计保险产品

在互联网金融时代，商业思维应该转向数据思维，保险行业也应该利用大数据分析客户需求、开发产品、运营企业以及进行风险评估。

保险精算师在设计保险产品时，主要依赖于理赔标发生的概率：设计出来的产品风险偏好不准，可能会导致产品的收益过低，客户没有购买意向；也可能导致保险产品覆盖不了风险，保险公司出现亏损。

在原有模式下，保险公司在设计保险产品时没有完全从客户角度出发，主要关注风险和收益，并没有考虑保险产品是否满足客户的需求。当保险产品推出后，客户的接受度在很大程度上取决于市场推广力度和销售人员的能力，在这种情况下，保险公司前期投入的资金较多。在新的社会形态下，保险公司需要深入了解客户的特点，依据客户的需求设计保险产品，才能保证保险产品的销量，保证保险产品形成一定的市场规模且能降低风险事件的发生概率。

大数据分析技术、标签数据、客户行为数据、全局数据的应用可以帮助保险企业改变保险产品的定价方式。大数据技术和全局数据的产品设计模型的应用可以帮助保险公司设计出较高收益、较低风险概率的保险产品。客户行为数据和标签数据的应用可以帮助保险公司了解客户的特点，从而设计出满足客户需要的保险产品。以数据分析和客户需求为出发点设计的保险产品，将会在产品收益、客户体验、风险管理等方面取得优异的表现。国外一些领先的保险公司已经利用大数据分析技术设计保险产品，并取得了较好的市场反馈，产品的盈利非常可观。大数据技术的应用将会帮助保险公司设计出风险分析充分及适应客户需要的保险产品。

5.5 大数据在证券行业的应用

在大数据时代，券商们虽然已经意识到大数据技术的重要性，但对于大数据技术在本行业的研究与应用还处于起步阶段，相对于银行业和保险业，证券行业的大数据应用起步较晚。

5.5.1 大数据在证券经纪业务中的应用

在证券经纪业务中，证券公司在充当证券买卖媒介的同时还提供信息服务。证券公司提供的信息服务包括行业和上市公司的研究报告、宏观经济的预测分析、股票市场变动信息等。证券投资顾问是证券公司从事证券经纪业务的一线人员，负责维护客户关系，并对客户提出的证券投资的问题进行答疑和引导，为客户提供相应的信息服务工作。设立智能投资顾问是近年来证券公司将大数据技术应用于经纪业务中的创新之一。

智能投资顾问采集客户的交易数据（包括客户风险偏好和交易习惯），并将采集的数据应用于量化模型中，由模型分析数据，最终运用数据分析的结论为客户提供投资建议。智能投资顾问可自动完成客户数据收集、投资方案制订等服务步骤，从而提高服务效率，降低人工费用并可以向客户提供定制化的顾问服务。

随着线上投资顾问服务的成熟，未来会出现更多基于大数据技术的智能投资策略的应用，智能投资顾问能够促进证券公司经纪业务的变革。在证券公司的经纪业务中，大数据技术还可以用于对客户进行精准营销。证券公司可以从数据中对客户价值等核心信息进行深度挖掘，然后再针对客户的需求推出产品组合，从而确定产品的定价。

5.5.2 大数据在证券公司投资银行业务中的应用

证券公司的投资银行业务有证券发行业务、收购兼并业务等，投资银行业务满足了资金需求方的直接融资需求。证券公司在开展投资银行业务时需要搜集、整理和分析数据，大数据技术在证券公司的投资银行业务中仍然有应用空间。证券公司承销及发行证券时，可以利用大数据技术分析利率波动和行业风险等相关因子，以确定合适的发行价格、发行规模、承销差价和承销方式。证券公司可以通过大数据技术分析资金提供方的市场行为来辅助设计的创新，从而设计出市场欢迎度高和风险低的证券产品。

5.5.3 大数据在证券公司资产管理业务中的应用

专项资产管理业务、集合资产管理业务、定项资产管理业务是证券公司资产管理业务的三大类型。资产管理是证券公司接受客户委托制订资产管理计划，按计划约定的方式、条件、要求及限制，对客户资产进行经营运作，为客户提供证券及其他金融产品的投资管理行为。资产管理业务的投资范围涵盖债券、股票、金融衍生产品等。证券公司应用大数据技术将有助于获取数量更多及维度更高的数据，使投研模型更加完善。证券公司应用大数据技术持续跟踪投资者的数据，对投资者的资金流动情况、收益率等数据进行统计分析，由此了解市场预期、投资者信心和风险偏好等信息，从而对市场做出预测。证券公司将大数据应用于市场行情预测中，有利于对资产管理计划投资标的及资产配置做出决策，从而提高资产管理能力。

5.5.4 大数据在证券公司资金营运业务中的应用

证券公司的资金营运业务主要包括证券自营业务、融资融券业务、买入返售证券业务等。在证券自营业务中，证券公司可以利用大数据技术寻找投资热点以及优化金融资产的选择与配置。证券公司的资金营运业务在业务结构中属于高风险和高收益并存的业务，因而，风险管理对于资金营运业务至关重要。风险管理需要建立数据库，大数据技术可以在处理风险管理数据库中累积的风险和度量时对给定风险进行计算，从而帮助证券公司有效地提高风险管理水平。

5.5.5 大数据在证券行业客户分析中的应用

目前，券商竞争越来越激烈，竞争焦点主要来自对客户及其价值的获取。更多券商采用大数据技术和数据挖掘技术获取对客户的评估，以此准确定位目标客户，优化客户营销和服务策略，使客户真正成为有价值的客户。

5.5.5.1 客户信息整合

大数据收集与分析技术便于证券公司筛选客户，实施精细化服务，深入了解客户群体分化和多样化的需求。证券公司应用大数据技术搜集客户在公司信息系统内的交易数据、客户留存数据，再结合客户的外部位置数据、消费数据、信用数据、终端数据、兴趣爱好数据、人口属性数据等，对客户进行深入挖掘，建立基础的客户数据体系；同时，为了进一步深入理解客户，证券公司可利用大数据技术，将新搜集的客户名单与第三方数据关联进行分析，在获取客户360°画像之后，再进行精准的目标定位，将合适的产品或服务推荐给客户。客户信息整合过程如图5-8所示。

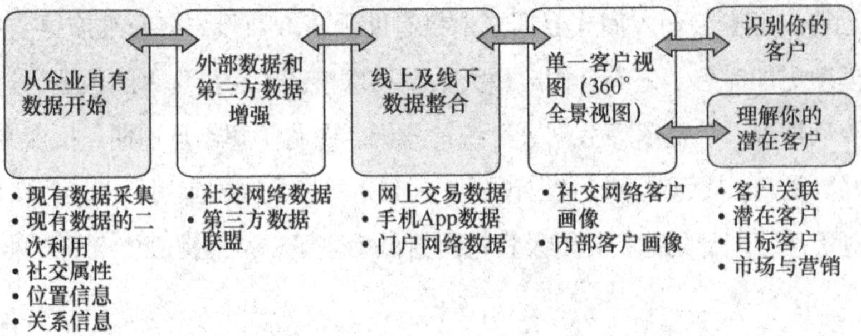

图5-8　客户信息整合过程

5.5.5.2　客户画像

相比传统线下客户管理、问卷调查，证券公司运用客户画像可以获取客户更为精准的反馈信息，更及时地了解客户的差异化特征，进而提供营销策略、运营方向、推广支持。客户画像的建立共分以下几步。

第一步：数据的整合与清洗，主要是将内、外部数据上传到大数据平台。

第二步：选择与业务相关的数据，以筛选内部数据为主。

第三步：根据业务及覆盖率选择外部数据，为了丰富数据分析维度和进行客户 360° 画像，证券公司需要引入和业务强相关的外部数据。可引入的数据主要有位置数据、消费偏好数据、终端数据、兴趣爱好数据、电商数据、社交数据等。

第四步：对数据进行分类并标签化，本部分涉及数据挖掘及挖掘结果处理，主要目标是将数据从定量信息向定性信息转化，并标注成容易理解的标签信息。

第五步：根据业务需求，利用客户标签筛选客户分类信息，并根据客户分类结果设计产品，确定相应的服务策略。

5.5.5.3　客户分析、数据挖掘应用

客户细分是市场竞争格局下的一种必然选择，即证券公司将全体客户划分为多个分组并刻画特征的过程。这可使组内客户高度相似，组间客户差异明显，生成可控的目标客户群，从而帮助证券公司发现各个细分的客户特性和需求，有针对性地设计营销计划，使其从中发现战略焦点和业务发展方向。

证券公司可聚类分析客户综合偏好的特征指标，划分出不同类别的客户群，

以帮助营销策划人员了解各特征群的客户，进而判断特征客户群的状态特点，为营销或服务活动提供支撑。

客户分析及数据挖掘的目的是，从“正常”状态的客户中找出潜在的或即将流失的客户，并分析预测得出其流失的原因及表现，提出有针对性的挽回建议，最大限度地挽留有流失意向的客户。

5.6 大数据技术在互联网金融中的应用

5.6.1 大数据技术对互联网金融发展的作用

大数据技术对互联网金融发展的作用表现在以下几个方面。

5.6.1.1 促进互联网金融资源的优化配置

互联网金融行业应用大数据技术，能够实现资源的优化配置。开放、平等、协作和分享是互联网最大的特点，大数据时代下的互联网金融也具备这些特点，这有利于投资方和融资方的信息的发布与交流，有利于信息间的相互匹配。传统金融在信息发布和匹配过程中需要银行、证券或基金等部门参与，这不仅会产生中介费用，而且时间成本比较高，但大数据下的互联网金融就不需要中介参与，并且工作效率也比较高。所以，在互联网金融提供的各类服务中，大数据技术的应用能够促进相关资源的更有效整合，为互联网金融市场的拓展提供比较好的运营平台，因此，作用和意义深远且重大。

5.6.1.2 利用大数据实现客户信息的共享

在传统的金融领域，商业银行大多需要投入大量的人力、财力、物力去收集和整理客户信息，解决信息不对称的问题。而在互联网金融环境下，通过应用大数据技术，金融机构可以通过相关的互联网金融平台，直接收集和分析交易双方的信息，建立新的信息渠道，还可以收集与金融服务相关的运输、价格、支付等信息，全面地评估客户的信用，打破了传统金融机构对客户信息垄断的状况。与此同时，社交网络实现了信息的快速、有效传播，云计算技术拥有强大的信息处理能力和信息检索能力，为创建一个成本低、高精度、更新快的网络信息化平台提供了保障。

5.6.1.3　助推互联网金融创新

互联网金融服务运行的核心过程是收集、分析、处理数据。互联网金融的数据收集能力与信息处理能力直接影响业务成本和风险控制，如果合理应用大数据技术，互联网金融服务的创新可加速实现。

金融机构在互联网金融的各种服务中引入大数据，可以全面分析交易数据，了解交易规模和交易过程，以及业务开展情况是否处于正常范围，若发现风险，则能立刻通知相关人员，为决策者提供数据参考，帮助决策者做出正确应对的策略。大数据技术能够分析互联网业务客户的态度和需求，预测客户可能会感兴趣的产品和投资的方向，帮助决策者制订高效可行的投资策略。

5.6.2　大数据在互联网金融中的应用场景

5.6.2.1　精准营销

在移动互联网时代，客户的消费需求和消费行为快速转变。首先，在消费需求上，客户需要个性化的金融产品；在消费行为上，互联网金融企业很难接触到有购买意向的客户，而了解客户的需求对于抓住营销机会极其宝贵。因此，为了减少对客户的打扰并降低企业的营销成本，企业首先要提高营销转化率以面对日趋激烈的行业内部竞争，因此急迫需要一种更为精准的营销解决方案。

具体而言，互联网金融企业精准营销的主要应用目标有如下：一是寻找目标客户，精准定位营销对象；二是在获得客户挖掘结果后，针对具体客户，提供一整套智能决策方案；三是配备完整的业务操作平台，实现整个精准营销在客户挖掘直至业务完成的各工作环节中的贯通，最大化缩短业务操作流程，实现“一站式”操作。

基于大数据平台的模型分析结果，互联网金融企业可挖掘潜在客户，实现可持续的营销计划。互联网金融企业精准营销的技术流程如图 5-9 所示。

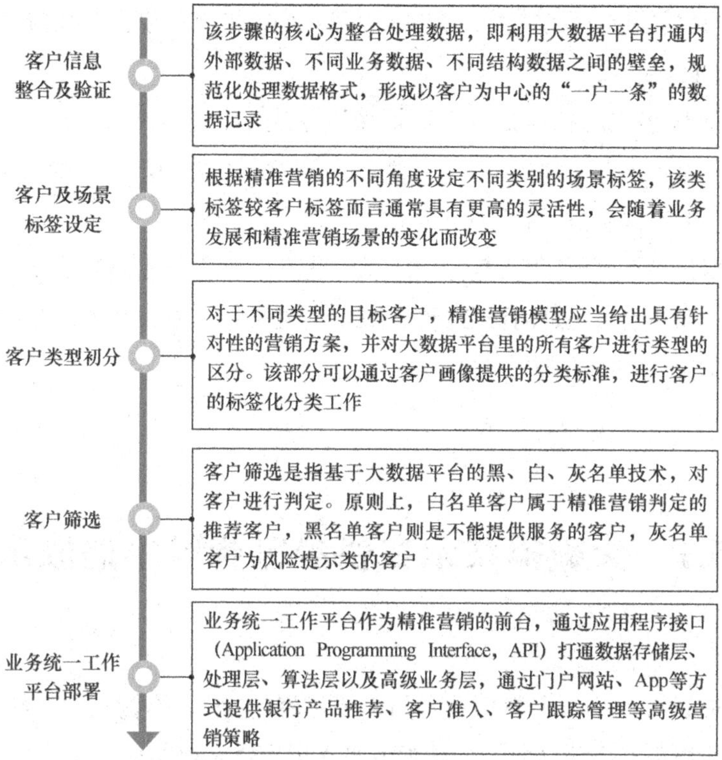

图5-9 互联网金融企业精准营销的技术流程

5.6.2.2 黑产防范

互联网金融企业追求服务体验，强调便捷高效，流程简化。而这一特点也容易被不法分子所利用，形成“黑色”产业链，对于互联网金融行业而言，欺诈风险高于信用风险。

大数据技术能够帮助企业掌握互联网金融“黑产”的行为特点，了解其从业人员规模、团伙地域化分布以及专业化工具等情况，从而制订具有针对性的应对策略。互联网金融企业通过识别和预警不法行为能减少由此带来的损失。

5.6.2.3 消费信贷

消费信贷和传统企业信贷截然不同。消费信贷具有小额、分散、高频、无抵押和利息跨度极大的特点。消费信贷贷款额度可以少到100元人民币，一家机构一天放贷的数量可能达到数万笔或数十万笔，而其中 90% 以上是纯信用贷，只能依靠数据审批。

消费信贷客户的特点是年轻、消费观念超前、无不良信用记录。消费信贷客户大多数年龄都在 35 岁以下，某些人群甚至对借钱消费形成习惯性依赖，80% ～ 90% 的客群无银行借贷信用记录。

大数据技术需要贯穿客户全生命周期，基于大数据技术的自动评分模型、自动审批系统和催收系统是消费信贷的基础，企业应用大数据技术，可以通过大量行为数据分析来弥补信贷数据的缺失。

5.7 大数据技术在供应链金融中的应用

在供应链金融中，大数据技术的主要作用是：整合资源信息、解决信息不对称问题、指引金融服务等。大数据技术在供应链金融中的应用场景如图 5-10 所示。

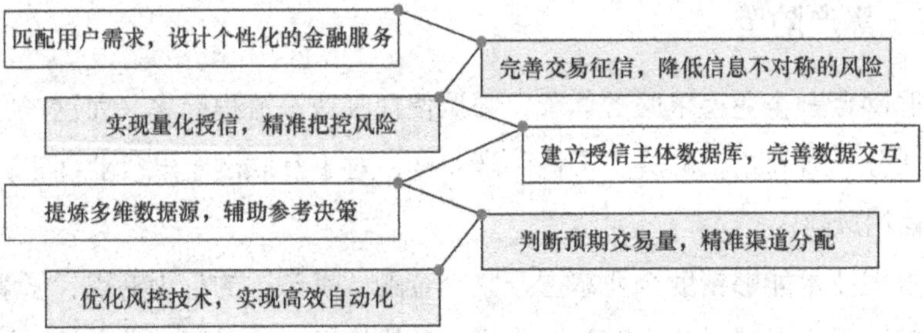

图5-10 大数据技术在供应链金融中的应用场景

5.7.1 匹配用户需求，设计个性化的金融服务

大数据技术可通过数据挖掘实现多种数据源的匹配，结合行业发展动态，精

准把握中小企业的需求，将企业寻找信息转换成信息主动“联系”企业，实现为中小企业提供各种个性化的供应链金融服务的目的。

5.7.2 完善交易征信，降低信息不对称的风险

在传统金融模式下，基于交易数据的征信以及自动贷后主要依托于静态、平面的财报数据，这一数据的参考性并不高，存在人为加工的风险。在大数据应用模式下，征信及自动贷后主要依托的是动态、可持续的财务数据源，大数据技术可实现对相关主体的财务数据、生产数据等多维立体数据的梳理和分析，并通过订单、库存、结算等交易记录进行交叉验证，以获得企业最真实的经营状态，帮助企业提高征信服务质量，降低信息不对称的风险。

5.7.3 实现量化授信，精准把控风险

在传统模式下，征信数据所作出的授信决策存在单一、不准确、更新慢等问题。金融企业使用大数据技术后，可通过模型结合动态数据源脱敏处理行业数据、外源数据，得出行情分析和价格波动分析结论，从而实现实时监控的分级预警、量化授信，精准把控风险。

5.7.4 建立授信主体数据库，完善数据交互

传统模式下的供应链金融仅依靠核心企业客户订单数据评估贷款，缺乏各环节的配合和完整的数据交互。金融企业大数据技术则可通过交易网关数据模式建立授信主体全方位数据库，从云端获取中小企业的交叉数据，智能匹配中小企业的 ERP（Enterprise Resource Planning，企业资源规划）系统，系统地防范控制金融风险，从而助力中小企业解决融资难这一问题。

5.7.5 提炼多维数据源，辅助参考决策

金融企业应用大数据技术可提炼被授信主体相关人员的数据信息，将其作为

决策的辅助参考。授信主体相关人员的数据信息包括两方面：一是其日常生活的交易数据，如消费金额、消费分布信息等；二是其社交数据。大数据技术有助于实现授信主体相关人员实际财务状况的交叉验证、授信主体实际控制人还款意愿的预警。

5.7.6 判断预期交易量，精准渠道分配

金融企业应用大数据技术在对授信主体建立完善的、全方位的立体数据库后，结合行业数据源，通过相应分析模型可预测出相应的供应链上各数据之间相互影响的关系，以及联动变动的规律，把一定时期内的消费和流通作为常量，最大限度地实现对于终端消费量的变动对供应链各数据源的影响的预测，以及对预期交易量、渠道和市场的分配量的预测，从而打通流通和消费环节，最终提升供应链管理的效率。

5.7.7 优化风控技术，实现高效自动化

大数据技术从机器人终端采集企业数据以及进行数据清洗、数据整理分析的过程全部通过计算机完成。大数据技术应用模式下的风控预警依托的是实时更新的交易数据和实时追踪的风险测算结果，金融企业一旦触发风险预警，会有足够的时间采取措施化解风险，如要求授信主体提供第三方担保，承诺差额支付等，或及时进行资产保全。

5.8 大数据技术在普惠金融中的应用

大数据技术在普惠金融中的应用：第一是客户侧，金融机构通过 App、网站、公众号等各种渠道，扩大客户的覆盖范围，并进行网络导流，对客户画像进行精准营销，降低营销成本；第二是机构侧，金融机构采用大数据技术、智能风控等

手段提升机构运营效率；第三是监管侧，监管机构可以利用大数据技术增强监管能力，增强监管的实时性和全面性。

5.8.1 客户侧：大数据技术精准营销模型提升成功率

5.8.1.1 数据融合挖掘潜在营销需求点

对于金融机构而言，无论是新客户的偏好预测还是老客户的行为激活，有效获取客户的需求是实现精准营销的关键点。大数据技术精准营销模型以数据拼接、权益设计、客户画像、客户筛选、客户触达和模型迭代基本流程为引领，可帮助金融机构实现各部门资源的高效统，提高资源利用率和工作效率。数据融合拼接，确保了目标识别的可靠性；客户画像补全，保障了需求挖掘的精准度；场景化营销则使整个营销过程更具针对性与指向性。金融机构的营销部门可利用大数据技术精准营销模型的结论指导业务的开展，实现客户潜在需求的精准挖掘以及目标人群的重点营销，最终降低营销成本，取得良好的营销效果。大数据技术精准营销模型的应用如图 5-11 所示。

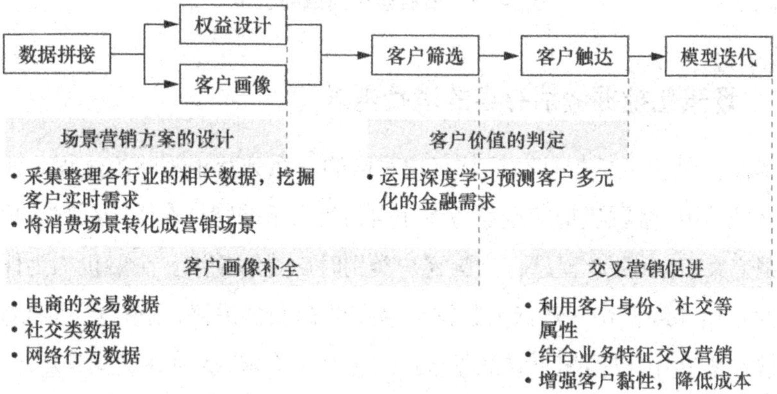

图5-11 大数据技术精准营销模型的应用

5.8.1.2 精准客户画像提高新客获取的成功率

新客营销最关键的步骤是在人群中识别潜在的目标客户，并针对这些客户进行重点营销。由于在新客户数据积累方面的缺失，金融机构在利用大数据技术进行模型构建时，会重点依赖运营商数据对样本客户进行全面分析，补全新客户的客户画像，以实现原始数据的规范化、指标化，从而进一步挖掘数据的关键信息。金融机构再结合客户的互联网行为，根据不同的营销场景将目标客户进一步细分，快速、准确地识别目标新用户，使客户的消费场景转化为营销场景，从而提升客户的转化率，具体如图 5-12 所示。

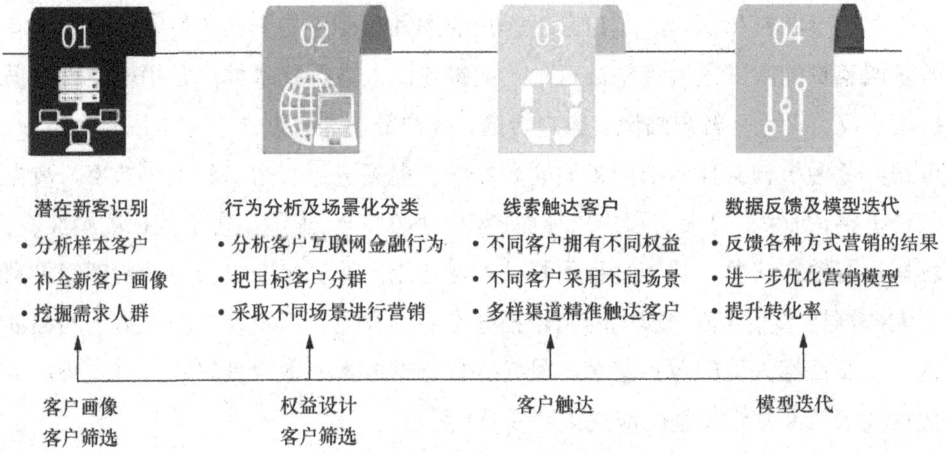

图5-12　精准客户画像的应用

5.8.1.3　场景化挖掘激活存客的消费需求

存客激活是金融机构针对沉默客户采取的一系列营销策略的过程。在存客营销的所有环节中，金融机构应重点考虑如何为具有不同特征属性的沉默客户选择合适的营销方案，这就要求模型在刻画客户类别时应足够精准。金融机构为保障模型的合理性与精准度，将运营商大数据与金融数据融合拼接，进行更精细的场景分类和权益方案设计，以匹配不同沉默客户的定制化需求，从而确定营销方向。同时，金融机构采用不同的细分维度进行高价值客户筛选，并根据反馈结果进行模型的迭代优化，以达到效果的最大化。场景化挖掘在存客激活方面的应用具体如图 5-13 所示。

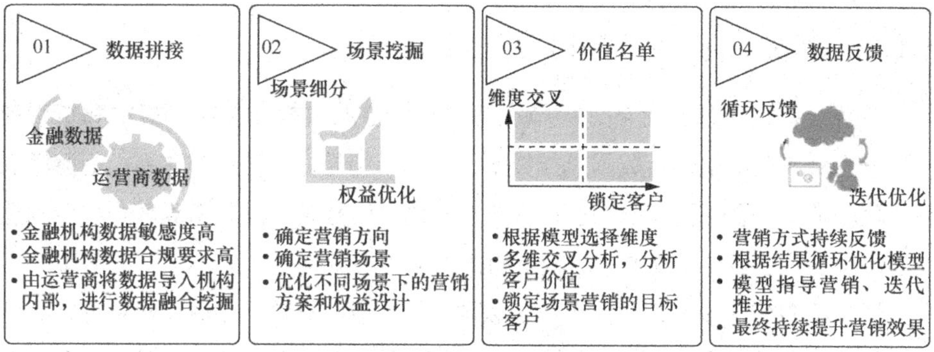

图5-13　场景化挖掘在存客激活方面的应用

5.8.2　机构侧：大数据征信模型提高风控能力

5.8.2.1　大数据征信应用技术框架

大数据技术日趋成熟，应用范围也越来越广，从底层源数据的处理到中层数据的管理，再到上层数据的应用，都有相对应的技术解决方案。数据公司对原始数据进行加工，将数据资源转化为应用半成品；各类技术服务机构或交易合作平台结合自身业务场景对其进一步挖掘利用，以获取更有价值的信息。征信机构就是大数据应用机构的典型代表，其依托于大数据技术和云计算技术的优势，挖掘大量数据碎片中的关联性，推动征信模型不断完善，提升风控质量。大数据征信应用技术框架如图 5-14 所示。

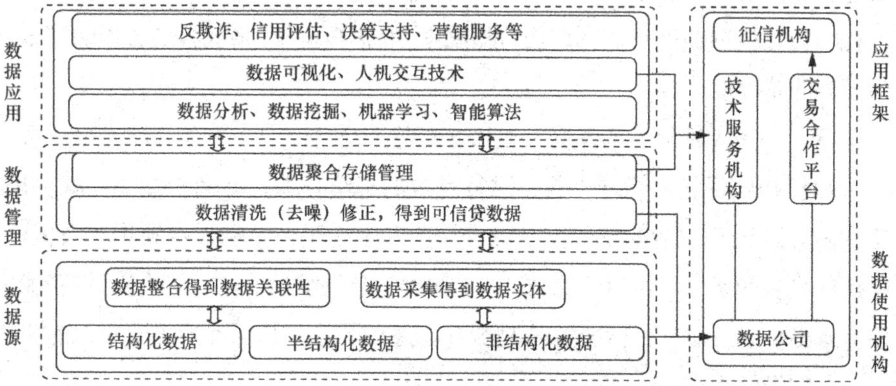

图5-14　大数据征信应用技术框架

5.8.2.2 提高信贷全生命周期风控质量

普惠金融的本质是金融，但核心是风控，金融机构在贷前、贷中和贷后整个信贷生命周期中引入大数据风控技术，有助于构建良好的风控体系，规避潜在的风险。贷前，金融机构能提前识别新客户的风险程度，过滤高危客户，做到反欺诈风险初步的筛选；贷中，金融机构依据信用评分体系，为不同评分等级的客户选择合适的授信额度，避免难以还款的风险出现；贷后，金融机构可持续监测并搜集客户行为数据，并对其进行分析后反馈，进而降低风险。因此，全生命周期的风控渗透可以帮助金融机构保持良好的业务运行状态，实现健康有序的发展。

1. 贷前——挖掘高价值客户，降低风险成本

贷前，金融机构须进行风险初筛，主要从新客户的负面信息、身份核验以及通信行为欺诈识别 3 个方面进行。金融机构通过对新客户的个人身份信息的核验，并结合客户的标签行为数据，可过滤高危客户，沉淀优质客户，从源头上将风险降到最低。

2. 贷中——风险评分模型精准快速识别逾期风险

为确保信贷风险的最小化，金融机构在开展相关业务时，可利用大数据技术建立合适的贷中评分模型，并根据客户评估等级采取有针对性的放贷政策。该模型将运营商大数据和金融数据融合，确保数据源覆盖面更广，行为描述更加真实；同时，该模型通过一系列数据处理流程对原始数据进行加工、筛选、映射，并将数据进一步降噪、转化、聚合，形成多维度特征数据，使之能够更好地刻画客户属性；最终，该模型通过特征选取与数据降维，简化数据集，降低各类数据的冗余性，保障模型的精准度。

3. 贷后——实现贷后风险有效监控及预警

金融机构做好贷后管理工作，进行有效的风险预警，有利于避免和减少用户在贷款后难以还款的情况出现。在信贷业务发生之后，金融机构利用大数据资源可以获取更多的客户日常行为数据，如挖掘客户的通信行为、社交关系、消费能力、生活方式等信息，进一步分析客户是否存在违约风险，从而提前采取相关的措施，提高风控的管理水平。

5.9 金融大数据平台

5.9.1 金融大数据平台概述

金融大数据平台可以充分整合信息化资源，打破行业、部门之间的信息壁垒，并运用大数据技术采集、加工、建模、分析信息，将数据价值融入金融之中，从而提升金融行业的创新能力和产品服务能力。金融大数据平台通常由大数据分析基础平台、大数据应用系统、数据标准组成，具体介绍如下。

5.9.1.1 大数据分析基础平台

大数据分析基础平台按照功能划分数据区，设计数据模型，在统一流程的调度下，整合各类数据，并结合现有的企业级数据仓库和历史数据存储系统，形成基础数据体系，支撑上层应用。

5.9.1.2 大数据应用系统

基于大数据分析基础平台，金融机构应持续建设各类数据应用系统，通过数据挖掘、计量分析和机器学习等手段，开发并使用丰富的大数据资源，并将数据决策化过程与风控、营销、营运等经营管理活动相结合，充分发挥大数据的价值。

5.9.1.3 数据标准

金融机构应建立数据标准，提升数据质量，提高对元数据的管理能力，为平台建设及安全提供保障。

5.9.2 金融大数据平台建设的指导原则

大数据平台是大数据运用的基础设施，在设计、建设和系统实现过程中，应遵循如图 5-15 所示的指导原则。

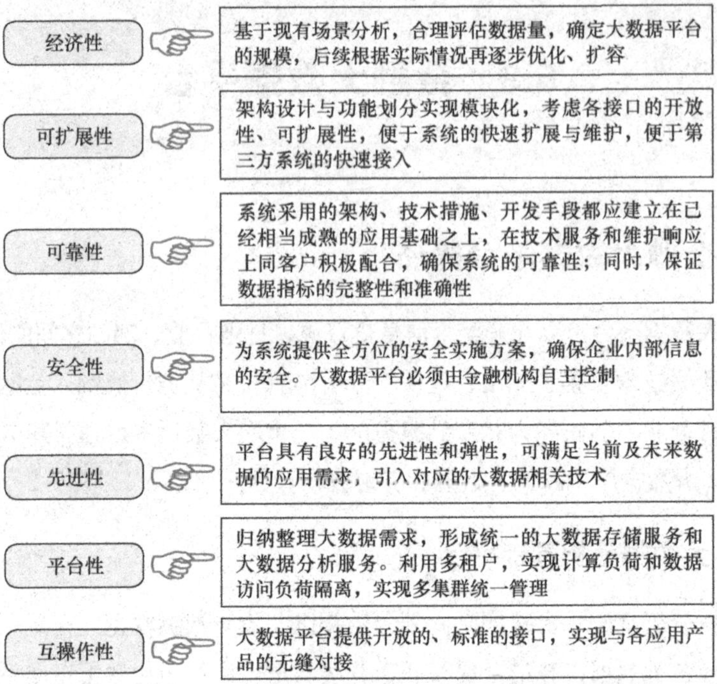

图5-15　金融大数据平台建设的指导原则

5.9.3　金融大数据平台的基础数据来源

5.9.3.1　金融机构内部的大数据资源

金融机构内部的大数据资源包括客户自身信息以及金融交易行为。依照目前积累沉淀的数据资源情况，内部大数据可被分为以下四大类。

1. 客户基础数据

客户基础数据即客户信息数据，主要是指描述客户自身特点的数据。

个人客户信息数据包括个人姓名、性别、年龄、身份证信息、联系方式、职业、生活城市、工作地点、家庭地址、所属行业、具体职业、婚姻状况、教育情况、工作经历、工作技能、个人爱好等。

企业客户信息数据包括企业名称、关联企业、所属行业、销售金额、注册资本、账户信息、企业规模、企业办公地点、分公司情况、客户和供应商信息、信用评价、主营业务、法人信息等。

金融机构将割裂的数据整合到大数据平台，形成全局数据，再按照自身需要进行归类并制作标签，由于这些数据是结构化数据，因此有利于对数据的分析。金融机构可以将这些信息集中在大数据管理平台，对客户进行分类，依据其他的交易数据，支持产品的开发和决策。

2. 支付信息

支付信息也称为交易信息数据，主要是指客户通过渠道产生的交易以及现金流信息。

个人客户支付信息包括工资收入、个人消费、公共事业缴费、信贷还款、转账交易、委托扣款、理财交易、保险交易、信用卡还款等。

企业客户交易信息包括供应链应收款项、供应链应付款项、员工工资、企业运营支出、同分公司之间交易、同总公司之间交易、税金支出、理财产品交易、金融衍生产品购买、公共费用支出、其他转账等。

3. 资产负债信息

资产负债信息主要是指客户在金融机构端的资产和负债信息，同时也包含金融机构自身的资产负债信息，其中大部分的数据来自银行。

个人客户资产负债信息包括购买的理财产品、定期存款、活期存款、信用贷款、抵押贷款、信用卡负债、抵押房产、企业年金等。

企业客户资产负债信息包括企业定期存款、活期存款、信用贷款、抵押贷款、担保额度、应收账款、应付账款、理财产品、票据、债券、固定资产等。

银行自身端资产负债信息包括自身资产和负债，例如活期存款、定期存款、借入负债、结算负债、现金资产、固定资产贷款、证券投资等。

4. 新型业务数据

此类数据包括系统的运行日志、客服语音、视频影像、网站日志等。

5.9.3.2 外部大数据来源

为了在差异化竞争中获胜，金融机构必须考虑其他数据，这些数据是本行业所无法掌握的，但是对其的分析和决策将起到很重要的作用。

其他数据包括线上交易、电商平台、社交网络等互联网数据；司法、工商、财税等政府部门依法公开的信息，如个人严重行政处罚记录、刑事犯罪记录、涉诉情况、交通严重违规违章记录等；客户征信、客户在其他银行或金融机构的贷款记录、信用记录等信息；客户的第三方征信评级情况，如客户的社保、纳税、公积金等信息；客户的出入境记录、国内出行记录等信息。

5.9.4　金融大数据平台应实现的功能

金融大数据平台的功能架构如图 5-16 所示。

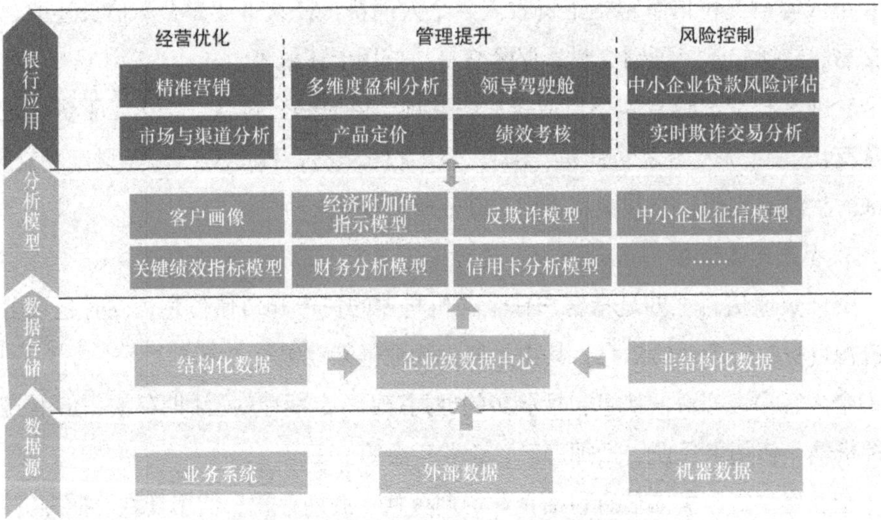

图5-16　金融大数据平台的功能架构

5.9.4.1　批量提供较高水准的个性化产品及服务

金融机构可借助金融大数据平台批量提供较高水准的个性化产品及服务，增加客户黏性，推动业务创新。平台可有效利用大数据分析得出的结论构建出客户360° 全方位视图，从而为金融机构设计出更有竞争力的创新产品提供支持。金融机构可借助金融大数据平台分析企业型客户的财务状况、相关产业链的上、下游数据，并根据所掌握的情况，通过数据交换来映射客户短期、中期的未来发展情况。金融机构借助金融大数据平台可以比较同行业的企业，并从公共平台收集企业的上、下游对企业的评价，获取多维度的评估，对中小企业风险进行有效识别，从而解决与中小企业信息不对称的问题，更好地推动中小企业市场的业务创新。

5.9.4.2 针对客户需求，实现精准营销

金融机构借助金融大数据平台，通过挖掘、追踪、分析客户的浏览记录、购买路径、消费数据等，将不同的客户群体进行聚类，根据不同的客户特性打造个性化的产品营销服务，将最适合的产品与服务推介给最需要的客户。

5.9.4.3 增强风险管控能力

金融机构可借助金融大数据平台，摒弃原来过度依靠贷款人提供财务报表获取信息的业务方式，转而对资产价格、账目流水、相关业务活动等流动性数据进行动态监控，了解客户的自然属性和行为属性，并结合客户行为分析、客户信用度分析、客户风险分析以及资产负债情况，建立完善的风险防范体系。

5.9.4.4 促进内部管理流程化，降低管理运营成本

大数据技术有助于提高金融机构内部的透明度，使机构上、下级之间的信息流通更加顺畅；同时，金融机构基于大数据技术可优化企业内部的各种流程，并通过机构和社会信息归集渠道，了解客户的真实需求，提高工作效率，大大缩短信息收集和反馈的时间。金融机构通过对大数据进行应用和分析，能够准确定位内部管理缺陷，制订有针对性的改进措施，采用符合自身特点的管理模式，进而降低管理运营成本。

5.9.5 金融大数据平台的架构

5.9.5.1 总体架构

金融大数据平台由数据采集层、数据存储层、分析挖掘层和业务应用层组成，总体架构如图 5-17 所示。

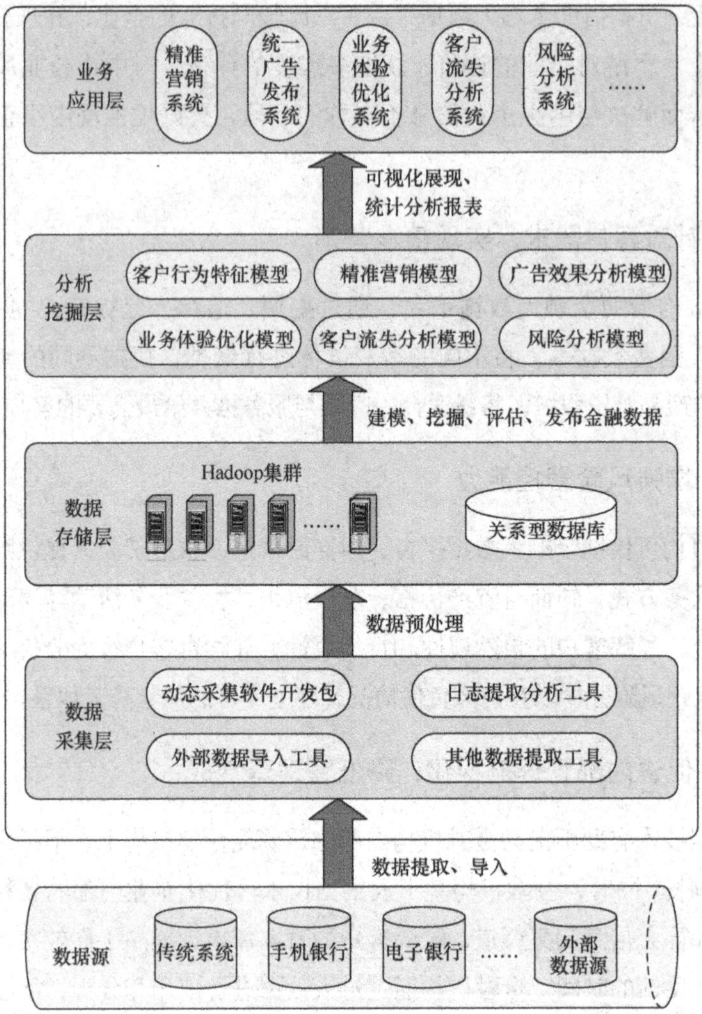

图5-17　金融大数据平台的总体架构

1. 数据采集层

数据采集层负责从各类数据源中提取、导入数据。

2. 数据存储层

数据存储层负责存储预处理后的数据，主要由可进行横向扩展的 Hadoop 集群构成，并通过关系型数据库实现数据中转、元数据存储。

3. 分析挖掘层

分析挖掘层负责建模、挖掘、评估和发布金融数据，核心是实现两类数据挖掘的算法和建模：一类是抽象的数学算法及建模，另一类是在此基础上针对金融业务的专业算法和建模。

4. 业务应用层

业务应用层负责将分析挖掘结果以可视化的形式展现，集成到相应的金融业务系统中。另外，数据仓库技术工具负责数据采集层和数据存储层之间的数据预处理任务；可视化展现工具负责分析挖掘层和业务应用层之间的挖掘结果的可视化展现任务。

5.9.5.2 技术架构

金融大数据平台的技术架构通常采用多层次形式，具体如图 5-18 所示。

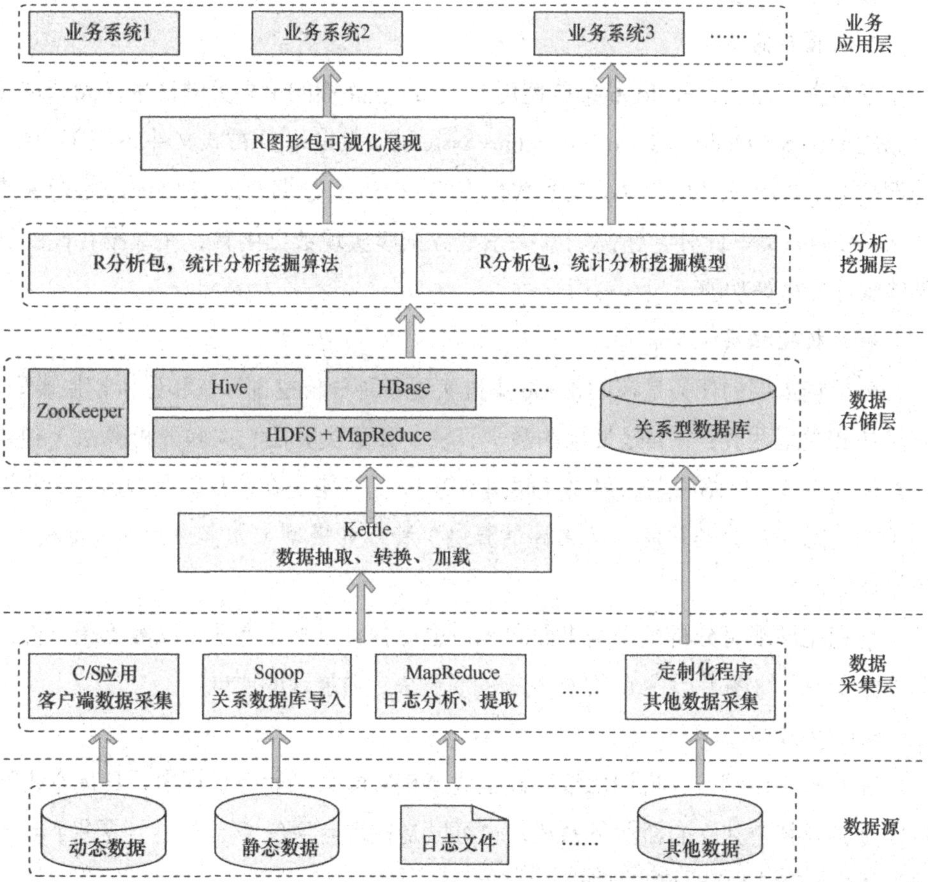

图5-18 金融大数据平台的技术架构

1. 数据源

数据源包括各类动态数据（如行为数据）、静态数据（如属性数据）、日志文件以及其他数据，是结构化的、半结构化的和非结构化的数据。

2. 数据采集层

在数据采集层，各采集工具根据具体情况采用不同的技术实现方式，使用C/S（Client/Server，客户端 / 服务器）结构的客户端采集软件开发工具包的动态数据，用MapReduce方式的分析提取工具采集日志文件，按Sqoop方式从关系数据库导入静态数据，使用定制化程序采集其他数据。

ETL（Extract、Transform、Load，数据抽取、转换、加载）将采集的各种数据整合成统一的数据模型，这其中包括数据清洗、数据转换、数据规约、数据集成等。

3. 数据存储层

在数据存储层，Hadoop集群使用Hadoop生态圈的诸多关键技术，如分布式存储的HDFS（Hadoop Distributed File System，Hadoop分布式文件系统）、并行处理的MapReduce机制、NoSQL数据库的HBase、数据仓库的Hive、协调系统的ZooKeeper等；此外，还需用到关系型数据库实现数据中转、元数据存储、供某些软件使用等功能。

4. 分析挖掘层

分析挖掘层的任务是在Hadoop集群实现各种分析挖掘算法和分析挖掘模型。有算法和模型两类：一类是抽象的数学算法（如聚类算法、关联分析算法）和数学模型（如神经网络模型、事物关联模型等）；另一类是在此基础上构建的专业算法（如金融客户分类算法、效果评估算法）和专业模型（如客户行为特征模型、效果评估模型）。

可视化展现将分析挖掘结果面向客户进行各种可视化展现（以散点图、直方图、分布图、饼图等形式），分析挖掘的质量决定着展现的质量。

5. 业务应用层

在业务应用层，分析挖掘结果被集成至相应的金融业务系统中。具体方式既可以是实现某个独立的新业务系统，也可以是在现有系统中实现一个或多个新模块，从而扩充或提升原有的功能。

5.9.5.3 物理架构

金融大数据平台采用集中部署方式，硬件环境由 Hadoop 集群服务器和关系型数据库组成，具体如图 5-19 所示。

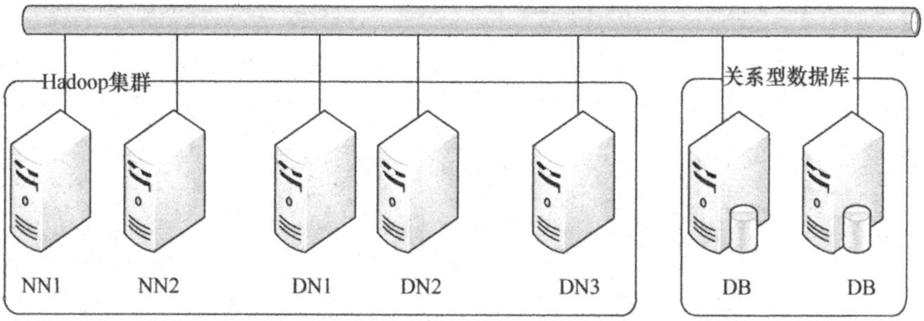

图5-19 金融大数据平台的部署方式

其中，Hadoop 集群包括两个 NameNode（图 5-19 中 NN，主从方式）和多个 DataNode（图 5-19 中 DN，最少 3 个，可根据需要增加）。NameNode 用于管理数据在 DataNode 上的分配，而 DataNode 用于数据的存储。NameNode 和 DataNode 采用相同的配置。

关系型数据库包括两台数据库服务器，均采用双机热备方式。

第6章

云计算技术在金融领域的应用

云计算技术的应用将更加关注安全稳定与风险防控，金融云的应用也正在向更加核心和关键的“深水区”迈进。中国信息通信研究院的调研显示：已有超过半数的金融机构使用了 OpenStack 等开源云计算技术。而金融行业的业务特性决定了其对云计算技术应用的稳定性、安全性和业务连续性有更加严格的要求，金融企业未来在应用云计算技术的过程中，需要建立更加完善的灾难备份和灾难恢复体系。

6.1 云计算概述

6.1.1 云计算的定义

云计算是一种通过互联网以服务的方式提供动态可伸缩的虚拟化资源的计算模式。关于云计算的定义有上百种，现阶段广为接受的是美国国家标准与技术研究院的定义：云计算是一种按使用量付费的模式，这种模式提供可用的、便捷的、按需的网络访问，进入可配置的计算资源共享池（资源包括网络、服务器、存储、应用软件、服务），只需投入很少的管理工作，或与服务供应商进行很少的交互，就可以为用户快速提供服务。

6.1.2 云计算的服务类型

按照云用户的所有权及访问方式，云计算分为公有云、私有云、行业云和混合云，如图 6-1 所示。公有云对一般公众开放；私有云是为单个用户使用而搭建的，由该用户或第三方机构负责管理；行业云是拥有共同利益并打算共享资源的组织共同建立的云；混合云是指包括以上两种或两种以上的云服务类型的云服务。

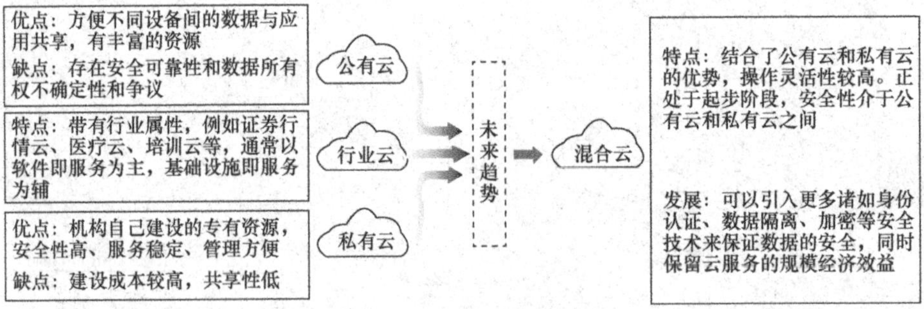

图6-1　云计算的服务类型

6.1.3 云计算的体系架构

云计算的体系架构由应用层、平台层、资源层、用户访问层和管理层5部分组成，云计算的本质是通过网络提供服务，所以，其体系架构以服务为核心，具体如图6-2所示。

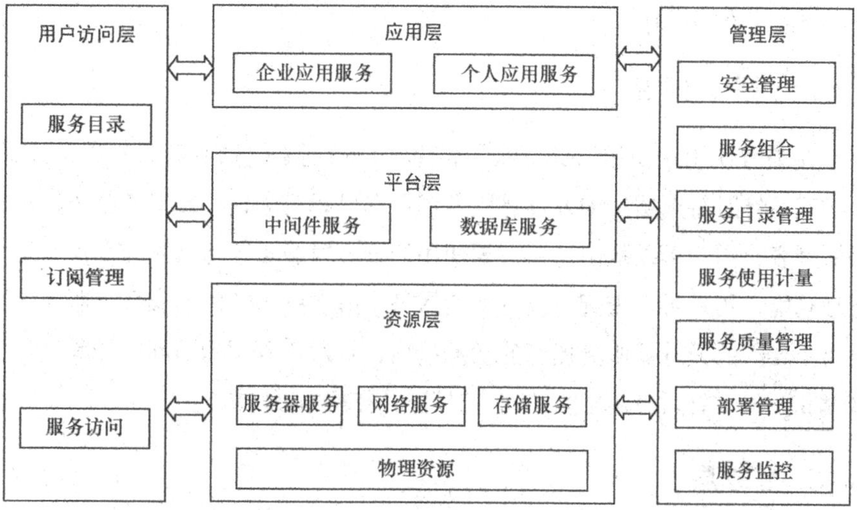

图6-2 云计算的体系架构

6.1.3.1 资源层

资源层是指通过服务器虚拟化、存储虚拟化、网络虚拟化等技术，结合操作系统、中间件和应用软件等软件资源，将物理设备资源抽象形成可管理、可调度的逻辑资源，通过资源汇聚形成资源池。资源层的资源主要指物理资源，提供服务器服务、网络服务和存储服务。

物理资源是指物理设备，如服务器、存储设备和网络设备等，提供最底层的物理支撑能力。服务器服务是指操作系统的环境，如Linux集群等。网络服务是指提供的网络处理能力，如防火墙、VLAN、负载等。存储服务是为用户提供存储服务。

6.1.3.2 平台层

平台层为用户提供对资源层服务的封装，使用户可以构建自己的应用。数据库服务提供可扩展的数据库处理服务，中间件服务为用户提供可扩展的消息中间件或事务处理中间件等服务。

6.1.3.3 应用层

应用层提供软件服务。企业应用服务是指面向企业的应用服务，如财务管理、客户关系管理、商业智能等；个人应用服务是指面向个人用户的服务，如电子邮件、文本处理、个人信息存储等。

6.1.3.4 用户访问层

企业为方便用户使用云计算服务，由用户访问层提供所需的各种支撑服务。用户访问层针对每个层次的云计算服务都可提供相应的访问接口。服务目录是一个服务列表，用户可以从中选择需要使用的云计算服务。订阅管理是提供给用户的管理功能，用户可以查阅自己订阅的服务，或者终止订阅的服务。服务访问是针对每个层次的云计算服务提供的访问接口，针对资源层的访问可能是远程桌面或者 Windows；针对应用层的访问，提供的接口可能是 Web。

6.1.3.5 管理层

管理层提供对所有层次云计算服务的管理功能，具体内容介绍如下。

① 安全管理：提供服务的授权控制功能，如用户认证、审计、一致性检查等。

② 服务组合：提供对已有云计算服务进行组合的功能，使新的服务可以基于已有服务创建。

③ 服务目录管理：提供服务目录和服务本身的管理功能，管理员可以增加新的服务，或者从服务目录中移除服务。

④ 服务使用计量：统计用户的使用情况，并以此为依据对用户计费。

⑤ 服务质量管理模块：指管理服务的性能、可靠性和可扩展性。

⑥ 部署管理：提供对服务实例的自动化部署和配置，当用户通过订阅管理增加新的服务订阅后，部署管理模块自动为用户准备服务实例。

⑦ 服务监控模块：提供对服务的健康状态的记录。

6.2 云计算技术在金融领域的价值

云计算技术的核心理念在于资源共享与弹性调配。金融行业是当前中国云计算技术应用需求最为迫切的领域之一，金融信息系统每天需处理和分析海量的信息数据，云计算技术因具备强大的数据运算与同步调度能力，在金融领域的应用中尤具价值。

6.2.1 降低信息资源的获取成本

在传统模式下，实力强劲的大型金融机构购买硬件基础设施，通过本机构的信息部门搭建符合本企业业务需求的软硬件环境，开发各类业务软件，或者通过外部供应商购买相关软硬件设备及人力服务，内部技术团队在此基础上进行集成运维和二次开发等工作。而大多数中小型金融机构只能采取后一种方式获取科技信息资源，有的甚至因为内部科技实力薄弱，需要完全依赖外包形式支撑公司开展各项业务。这种信息资源的获取方式所耗费的人力、物力、财力非常巨大，对金融机构而言是一项沉重的负担。

云计算技术的应用则使金融机构获取和应用资源的成本大大降低。一方面，由于规模效应和专业化分工，云服务提供者能以更低廉的价格向金融机构提供服务，安排专业人员维护基础设施，金融机构无须为此耗费更多资源；另一方面，金融机构根据实际需求使用云上的信息资源，并按实际使用量付费，减少了不必要的成本。

6.2.2 减少资源配置风险

在传统的信息模式下，金融机构很容易出现过度配置和配置不足的问题。当金融市场波动引发突发性的用户需求暴增时，传统金融机构内部 IT 资源可能会出现配置不足的情况，因而无法响应用户的所有需求，甚至导致系统崩溃；而过度的资源配置又会带来资源浪费。另外，当内部IT资源出现问题时，金融机构可能会永久性地丢失部分交易数据，这将严重影响机构的正常运营。

云计算技术提供IT资源池及使用资源池的工具和技术，使金融机构能够随时随地、动态地获取所需的IT资源，金融机构可以根据实际需求的波动，自动或手动调整云上的IT资源。这样既不会造成资源闲置，也避免了使用需求达到阈值时可能出现的损失。云计算技术还能提高金融数据的可靠性，云计算服务提供商可在不同物理位置部署IT资源，当云中的某台设备出现异常时，数据能够在极短时间内快速地拷贝到其他设备上，很好地解决了金融灾备问题。

6.2.3 提高金融机构的IT运营效率

云计算技术帮助金融机构提高了信息共享速度，提升了服务质量。同时，云计算技术帮助金融机构提升了数据处理能力，使金融机构可在短时间内从海量数据中快速提取有效的信息，为各类分析或商业决策提供依据。

云计算技术极大地简化了金融机构的IT运营管理。云服务提供商将信息资源打包，直接为金融机构提供定制的解决方案，使金融机构开发管理信息资源的时间大大缩短。云计算技术的升级方式也非常灵活，完全可以支持业务的动态变化，金融机构也不会因为兼容问题而被迫使用一个厂商的软硬件设备。云系统是一个开放的生态环境，能够方便地整合和扩充互联网上的各种云服务资源。

6.3 云计算技术在银行业务中的应用

6.3.1 云计算技术助力银行信贷业务变革

6.3.1.1 云计算技术提升信贷数据处理能力

基于云计算技术的银行新型业务模式具有信息资源系统化整合、按需提取及分享、多方管理协同、服务标准化、信息资源透明化、支持多种访问形式等特点。而信息资源系统化整合、按需提取及分享的特点使银行能够对各类信息、数据进行大规模存储和处理分析，使业务人员可获得足够的数据支持，这也是云计算技术被国内银行认可的重要原因之一。

国内银行经过多年经营所累积的客户信息数据以及随着银行业务种类和规模扩大产生的庞大信息数据，需要强大的数据处理能力和稳定的平台进行支撑。传统的银行数据存储和处理主要依赖单一设备或数据库，数据存储和处理能力受到硬件本身的制约。银行在构建整体业务资源体系时，发现所有待整理的信息数据集合起来容量巨大，传统的数据处理方式根本无法直接处理信息数据。而基于云计算技术的银行云平台具有超大的存储空间，能够为银行提供强大的云计算功能。在分析数亿条数据时，传统数据平台需要数天甚至数周才能完成运算，云平台只需要几个小时甚至几分钟就能得出结论。

同时，云平台通过有效整合银行内部管理系统，实现内部架构上的集成，从根本上解决了银行各分支机构和内部各部门在信息资源整合、共享和存储方面的问题，帮助银行降低了各应用系统的管理成本和运营维护成本。银行通过云计算技术增强了数据处理分析能力并实现了资源整合，能够在短时间内汇总及处理不同系统、不同信息来源的海量数据，并从中提取对信贷业务有价值的信息，为业务人员提供强有力的信贷数据支撑。

6.3.1.2 云计算技术优化信贷业务操作

从银行的信贷业务团队发展趋势来看，相对于近年来银行信贷业务的快速发展，各银行信贷业务团队的整体水平和规模并未实现同比增长。由于信贷业务的特殊性，信贷人员的业务水平在信贷业务的整体操作中显得尤为重要。信贷人员的业务水平受从业时间和执业经验的限制。信贷人员把握业务和对数据进行分析的能力（包括使用客户数据分析工具的能力）等会影响银行信贷业务的操作。

此外，信贷业务团队规模又受到银行整体编制、人力资源分配等条件的制约。在云计算模式下，由于信贷业务和其他业务数据在云平台进行集中管理，云平台的专业数据处理软件和分析工具能够无差别地同时为大量业务人员提供按需使用功能，这极大地突破了业务人员个体水平或团队规模的限制。外部政策条件的变化和银行对信贷业务的调整也可以迅速应用到数据的分析和使用中，业务人员可以通过云计算提供的协同服务，高效、方便地进行业务沟通与分享，从而降低了信贷业务的整体成本。

基于云计算技术的信贷业务模式将大大缩减支行信贷经理在信息收集、系统录入及分行或总行信审人员在信息复核、完善申请资料等方面的工作量，降低劳动重复率。信贷业务审查及审批的尺度趋于标准化，进一步降低逆程序操作、放宽授信标准、简化程序、不落实条件放款等操作风险对业务的影响。

云计算技术还有助于银行打破分行业务办理的地域限制，解决机构分割和协同困难等问题对业务发展的掣肘，加快跨地区信贷业务发展。从信贷额度管理来看，云计算技术能够为银行提供在不同分支机构、不同客户及业务类型之间确定信贷的额度。利用云计算技术的资源共享和标准化服务特点，银行可以整合客户资源，为大量同类业务客户（如小微企业客户）提供标准化的业务处理与支持，提供批量信贷服务，从而大大降低相关成本。

云计算技术同样为银行风控模式的转变提供了技术支持。以企业客户为例，在云计算模式下，客户的企业资源计划系统或单独的财务系统与银行的支付结算、现金管理、投融资等业务产品的无缝对接，有助于提高银行信贷业务风险的预警能力，使银行能够及时发现业务风险并采取相应的风险控制措施。

6.3.1.3 云计算技术加速信贷业务革新

云计算技术的应用加快了银行探索担保方式变革的进程。云计算技术促进银行、监管方、第三方机构等在内的多方实现管理协同，银行因此可以突破传统担保方式的制约，凭借对客户生产经营、信用情况、财务信息的全面掌握，探索基于业务关系、流量信息、资产管理规模的新型担保方式。

云计算技术与数据挖掘技术的结合也赋予银行信贷业务在营销方面的优势。对于现代化银行而言，了解客户需求变化并提供相应的金融产品及服务是现代化银行经营管理的第一要义。在传统的业务模式下，银行信贷服务往往滞后于客户信贷需求，信贷审批以客户当前及过往的生产经营、财务信息、担保方式等情况为授信审批依据，这容易造成审批通过的授信与客户实际需求不匹配，使银行对客户未来走向预判失准，增加风险控制的难度。

借助云计算技术和数据挖掘技术，银行能够更好地了解、分析客户信息，评估客户对银行的综合价值，根据客户各方面信息的变化，及时感知、洞察和准确预判客户的需求，使信贷业务由过去的被动处理和按产品进行的业务推送，转变为实时精准、个性化的主动营销，银行信贷业务也将由此跨向全新的发展阶段。

对于正处于快速上升期的国内小微银行而言，云计算技术同样拥有很强的吸引力。基于云计算技术的新型业务模式将为小微银行带来同业合作、信贷资源共享、部分业务外包等多方面的机遇。

6.3.2 云计算技术助力银行业务发展与变革

云计算技术促进了现代银行业务的巨大变革。银行应用云计算技术，可以实现资源的高效聚合、分享与多方协同，整合产业链各方参与者的服务资源，为客户提供更加全面、实时的银行服务，包括但不限于表 6-1 所示的服务。

表6-1 云计算技术助力银行的服务

序号	服务项目	说明
1	网点服务	云平台实现了不同银行之间的网点服务的资源共享。客户可根据所要办理的业务类型，通过个人笔记本电脑、手机等联网设备实时查询距离本人最近、预计排队/等待时间最少的网点，并实时了解网点能提供的业务类型。客户可以通过联网设备进入网点排队系统，预先填写需要办理业务所需的单子
2	账户信息	客户可通过云平台的界面获得其名下所有银行/基金/保险账户的实时信息，其中包括整合的资产、交易明细（商家名称、金额等）等。客户还可以获得基于大数据与云计算对其本身以及同类的消费与理财行为智能分析得出的针对性的消费建议、理财建议
3	个人委托贷款	为客户建立贷款自主服务平台，借款方与出借方基于金额、期限、利率、贷款用途、风险等级等条件协商，并提供贷款审批、发放、归还、催收的全流程自主服务。利用云的多方协同特点，银行与征信系统等进行实时协同，通过计算机技术协助客户自主完成服务。而银行的收入模式可以从原有的贷款利息收入转变为提供贷款服务平台的中间业务收入

（续表）

序号	服务项目	说明
4	供应链金融	银行根据云平台提供的端到端的供应链信息，为上、下游企业提供从采购到付款等环节的各种融资服务，以及提供支付结算、现金管理、保险代理、税务管理等解决方案。基于云计算对实时信息的聚合与智能分析，银行不再静态关注事后的企业财务报表，也不再单独评估单个企业的状况，而能够动态地掌握企业的状况，实时关注其交易对象和合作伙伴，分析其所处的产业链是否稳固以及企业所在的市场地位和供应链的管理水平
5	采购到支付管理	银行可以通过与传统财务和ERP厂商合作，吸收成功的云平台建设经验，建设基于公有云的财务和ERP IT系统，利用云平台为企业提供标准化的从采购到支付的全流程服务，买卖双方可通过云平台完成订单与发票收发，以及查询、审核、支付对方流程状态等活动，银行可在这一过程中基于掌握的业务信息提供融资服务。此外，云平台与税务机构合作，为客户提供电子发票服务，并将企业开票、收票信息上传至税务机构的平台上

6.4 云计算技术在保险领域的应用

随着云计算虚拟化技术的广泛应用，云计算技术将在保险行业的渠道拓展、客户服务、风险管理、保险企业数据管理等方面发挥越来越重要的作用。

6.4.1 云计算技术在保险领域应用的价值

6.4.1.1 助力监管，有力制约诚信缺失

诚信是保险经营和发展的基础，而云计算技术在保险业诚信方面的应用表现在从技术上帮助保险公司建立诚信机制。一方面，国家应建立保险的计算资源池，以利于监管机构监督和管理保险公司，以及保险公司总部管控分支机构服务的质量。另一方面，国家也可建立公开、透明的信息平台，使客户可以在使用信息平台的过程中充分选择险种，避免销售人员的误导，真正了解保险的功能。

6.4.1.2 促进保险业信息化，提高保单服务质量

之前保险公司有大量的保单服务的连贯性较差，保险公司引入云计算技术后，有效地提高了保单服务的连贯性。保险公司应用云计算技术可使保单的信息集中到保险公司分公司或更高层次，增强了保单服务的连续性，提高了服务人员的服务水平。

随着人们生活水平的提高，客户希望获得更加人性化的服务，保险公司将客户的财务情况、家庭成员、兴趣爱好、保单购买情况、理赔状况等信息加以集合，运用云平台强大的分析处理数据的功能将客户进行分类，并分析客户面临的各种风险，有针对性地为客户提供服务，满足客户的多种需求。

在理赔服务上，保险公司可以利用云计算技术与医院、车辆定损部门合作，一旦被保险人出险，保险公司可以在第一时间掌握被保险人各方面的情况，并快速及时地做出理赔，提高保险服务的水平和质量。

6.4.1.3 “透视”交易双方，化解信息不对称的问题

信息不对称会阻碍保险市场的健康发展，云计算技术被引入保险业将从很大程度上解决保险业信息不对称的问题。首先，由第三方提供 IT 服务，这打破了保险公司对信息的垄断，是对保险公司服务的一种透明监督。其次，引入云计算技术后，保险公司对客户的信用信息将有更强的处理和应用能力，有利于保险公司内部或保险公司之间联手防范信用不佳的客户，减少保险欺诈案件的发生。

6.4.1.4 提高效率，降低经营成本

首先，保险公司自身的 IT 资源空置现象比较普遍，保险公司若采用云计算技术将 IT 业务外包，可以释放该部分空置的资源，从而降低保险公司资产的成本负荷。其次，云计算技术将大大加快保险公司的信息化进程，这将更加凸显在签单、理赔等手续办理以及信息保存方面的成本优势。最后，营销的信息化将使保险公司的经营效率得到提升：一方面，保险公司可利用第三方销售平台出售标准化的保单，扩展保险产品的销售渠道；另一方面，保险公司可以利用碎片时间向移动网络用户

宣传保险产品，这将大大提升展示效果和沟通效率。

6.4.2 保险业云计算系列标准正式发布

目前，国内已有诸多保险企业将云计算技术应用于信息系统创新建设中。传统的保险企业积极开展私有云建设，新兴的互联网保险企业的全业务也再积极布署行业云。

中国银行保险监督管理委员会发布的《中国保险业发展“十三五”规划纲要》也明确指出要“推动云计算、大数据在保险行业的创新应用，加快数据采集、整合和应用分析”。未来，会有更多的保险企业探索云计算技术在本行业的应用，实现企业上云。

保险业上云对于安全、可靠和合规的要求极高，因而如何从单体的架构向分布式架构转变，成为摆在所有保险企业面前的一道难题。

继在政务、电信等细分领域发布标准之后，由中国信息通信研究院牵头，中国太平洋保险（集团）股份有限公司、中国人寿保险股份有限公司数据中心、中国人民财产保险股份有限公司、安心财产保险有限责任公司 4 家保险企业，华为、青云、腾讯、数梦工场、EasyStack、云栈科技 6 家信息科技公司共同参与起草的保险行业云计算系列标准已于 2019 年 12 月 24 日发布。

该系列标准根据保险行业的特性需求与实际情况，旨在规范保险行业云计算系统的建设，提高保险机构自身的科技控制及创新、服务等方面的能力。

6.5 云计算技术在证券行业的应用

证券行业作为最早应用信息系统的行业之一，技术水平和应用水平都相较领先于其他行业。但由于其行业的特殊性，证券业对 IT 系统提出了更多的需求。

证券公司具有网点分布广、业务类型众多等特点，随着证券公司创新业务的不断开展，需要部署更多的信息系统，而且要求尽可能缩短信息系统的建设周期，这样一来建设压力就会增加。信息系统、硬件设备、机房面积、能耗等需求都在快速膨胀，相应的硬件、软件、场地、人力等投入也越来越大。在竞争激烈的市场环境下，证券公司将持续对核心交易系统、第三方存管系统、网上交易系统、网页交易系统、电话委托系统以及客户关系管理系统、投资顾问平台、呼叫中心等进行建设。

随着云计算技术的发展与普及，云计算的低成本投入和使用为其在证券行业的应用带来了前所未有的契机。

目前，证券行业营业网点的扩张也逐渐转向轻型营业部、新型营业部的方向，未来可能要借助更多的技术来实现小型营业网点的低成本投入。云计算毫无疑问将成为未来的主要应用技术。证券行业的信息化程度较高，而因为行业的需求，在选择新技术时也相较于其他领域更为谨慎。云计算技术在证券行业的发展非常快，但因为证券行业对信息系统的稳定性、安全性要求非常高，所以云计算技术在证券行业的应用需要有一个循序渐进的过程。

6.5.1 虚拟化和私有云

虚拟化是私有云建设的重要环节。证券行业应充分考虑虚拟化软件、服务器、网络和存储的技术细节以及公司实际业务需要的情况，在证券非核心交易系统开发虚拟化应用。目前，已经有多家券商开发了虚拟化应用。但虚拟化不等同于实现了云计算布局，基础架构的虚拟化只实现了 IaaS 的一种方式和基础架构的资源池化，如果能以某种方式实现中间件、数据库、服务，甚至应用的资源池化，为用户提供“按需自服务”的界面，并提供可衡量（计费）的服务，使用户可以通过网络灵活地访问使用，则可以认为是实现了 PaaS 或者 SaaS。所以，证券行业还需要进行平台软件虚拟化、服务虚拟化等一系列工作后，才能逐步向云计算平台推进。

6.5.2 大数据的云存储

云存储是在云计算概念的基础上延伸和发展出来的一个新的概念，是指利用集群应用、网格技术或分布式文件系统等功能，将网络中各种不同类型的存储设备通过应用软件集合起来协同工作，共同对外提供数据存储和业务访问功能的一个系统。当云计算系统运算和处理的核心是大量数据的存储和管理时，云计算系统中就需要配置大量的存储设备，云计算系统就转变成为一个云存储系统，所以，云存储是一个以数据存储和管理为核心的云计算系统。

云存储可应用于客户大数据存储，证券公司服务的核心是客户服务，客户搜集、挖掘、利用数据的能力是体现证券公司客户服务水平和盈利能力的重要标志。

目前，证券公司的客户资料包括开户信息、交易数据等，它们分散在集中交易、客户关系管理、资金管理、电商、呼叫中心等系统中，证券公司可通过云存储技术完全打通各系统之间的信息交互的限制，统一搜集并存放完整的客户信息（各类产品交易数据、基本信息、开户信息、上网行为、交互信息等一系列与客户相关的可用信息），并进一步深度挖掘，而证券公司的客户服务人员则可通过 Web 客户端以及各种移动终端结合微博、微信、App 等为客户提供全方位的、精确的、有效的服务。

6.5.3 券商联盟云

证券公司一方面建设自己的私有云，另一方面可以通过券商联盟云的方式由多个证券公司共同建立联盟云，共享技术以及业务，避免重复部署，减少重复建设，节省费用。

券商联盟云的安全性不同于公共云，在参与各方良好协作的基础上，数据库并不暴露于公共网络，在一定范围内由业内权威人士掌握，是相对安全的。

券商联盟云可以在全证券行业推广，即由证券行政主管单位或者证券行业协会组织建设面向整个证券行业提供服务的证券行业云。券商联盟云有以下优点：

① 由行政主管单位、行业协会主导，便于达成统一的标准，有权威性；

② 可以共享行业内的资源，方便借鉴同行的先进经验；

③ 人力资源相对丰富，方便开发和维护；

④ 可以体现规模效应，服务价格或运行维护费用相对低廉；

⑤ 不必担心公共云所出现的安全风险。

具体来说，券商联盟云可以由监管机关、交易所、登记结算公司等机构来组织建设。券商联盟云或者证券行业云可从电话交易云、行情揭示云、建设测试云、灾备云等方面切入。

作为信息技术未来发展的趋势，云计算技术在证券行业具有很大的发展潜力，而应用过程也将有一个逐步落地的过程。

6.6 金融云

金融云是指金融机构通过利用云计算的运算和分发优势，将自身的数据、客户、流程等发布到"云"端，以改善系统体验，提升运算能力，重组数据价值，降低运行成本，并为客户提供更高水平的金融服务，最终达到精简核心业务、扩充渠道的目的。

6.6.1 金融云的分类

6.6.1.1 按照金融云供给端主体划分

按照金融云供给端主体来分，金融云可分为纯互联网系、金融机构系和传统软件系三大类。目前，提供金融云服务的服务商分为以下几类：一是像百度、阿里巴巴、腾讯、京东等互联网系的云服务商；二是像兴业银行、招商银行、平安集团等传统金融机构系的云服务商；三是如IBM、用友、恒生等传统软件系的云服务商。三股力量正在角逐日益成熟的金融云市场，它们也各自具有相对较为明显的优势和劣势。

互联网系的云服务商，如阿里、腾讯，此前主营B2C业务，而面向个人用户与面向企业用户是两种不同的"思维"，尤其在金融行业更是如此。通常情况下，阿里云和腾讯云会将面向互联网行业的公有云技术移植到金融云中，这种标准化做法的优点是速度快、成本低，标准化输出能够帮助客户快速搭建IT架构，但缺点是面对金融业特有的复杂问题时往往会力不从心。

由传统金融机构系的云服务商提供金融云服务的优势在于，银行熟悉监管的要求，在过去的发展中积累了很多经验，设计的产品可更有针对性地解决不同的问题；但缺点是普遍缺乏定制化的能力，客户的不同需求得不到进一步满足。

传统软件系的云服务商，如用友、恒生，这些厂商的金融云服务可以帮助客户扩展和建立金融生态，但这些软件服务商的云服务模式主要是 IT 外包，它们缺乏构建大规模云服务的经验，因此它们的云服务缺乏具体的应用场景，目前的客户大多为小微金融企业。

6.6.1.2 按照金融云部署模式划分

按照金融云部署模式、金融云平台用户的类型、云资源归属和控制方划分，金融云可分为公有云、行业云、私有云和混合云 4 类。

① 在公有云模式下，云服务可被任意云服务用户使用，资源由云服务供应商控制。

② 在行业云模式下，云服务仅由一组特定的云服务用户使用和共享，这组云服务用户的需求相近，资源由组内云服务用户或云服务供应商控制，提供者和使用者对于监管政策、安全要求等方面的要求相同或高度相似。

③ 在私有云模式下，云服务仅被一个云服务用户使用，资源由该云服务用户控制。

④ 在混合云模式下，云服务至少包含以上两种不同云计算的部署模式。

传统的金融机构主要采用私有云部署模式和行业云部署模式，而金融科技公司一般采用公有云部署模式。因业务需求、资源可得性、投入产出要求等方面的不同诉求，传统金融机构更倾向于自建私有云或使用行业云 / 混合云；规模较大、技术实力较强的大型金融机构大多采用私有云部署模式，通过合作研发或技术外包的方式完成私有云平台的建设；中小型金融机构由于自身技术实力偏弱、人才储备不足、资金投入有限等原因，一般更倾向于选择专为金融机构服务的行业云，以同时满足监管合规和控制成本的需求；金融科技公司则更倾向于使用公有云，主要通过与第三方公有云厂商合作，实现自身业务的快速扩展。

6.6.2 金融云的建设原则

金融云的建设原则如图 6-3 所示。

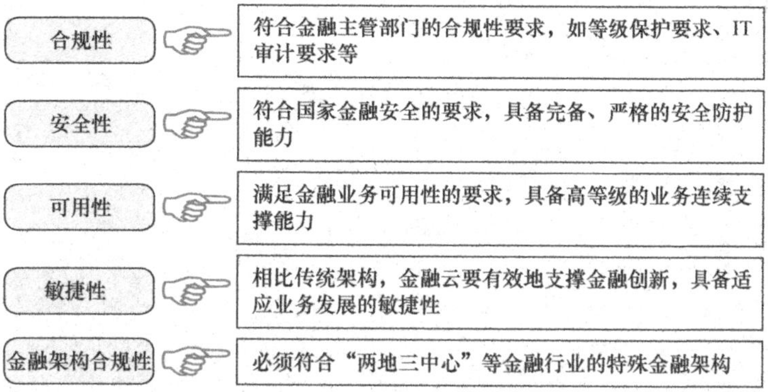

图6-3 金融云的建设原则

第7章

区块链技术在金融领域的应用

当前，区块链技术引发了全社会的广泛关注和讨论，应用场景与范围在不断拓展，在金融领域的落地应用更是成为科技界和金融界共同关注的焦点。

7.1 区块链技术概述

7.1.1 区块链技术的定义

狭义而言，区块链技术是数据区块按照时间顺序相连的方式组合成的一种链式数据结构，其是以密码学方式保证的不可篡改和不可伪造的分布式账本。

广义而言，区块链技术是利用块链式数据结构来验证与存储数据，利用分布式节点共识算法来生成和更新数据，利用密码学的方式保证数据传输和访问的安全，利用由自动化脚本代码组成的智能合约来编程和操作数据的一种全新的分布式基础架构与计算方式。

7.1.2 区块链技术的核心支撑技术

区块链技术并不是一种完全创新的技术，其主要是以下几种关键技术的有机结合，如图 7-1 所示。

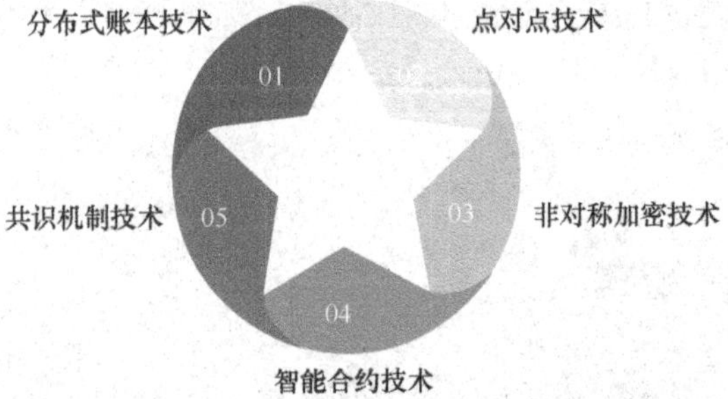

图7-1 区块链技术的核心技术

7.1.2.1 分布式账本技术

分布式账本即交易记账由分布在不同地方的多个节点共同完成，每一个节点记录的都是一个完整的账目，因此它们都可以参与监督交易的合法性，同时也可以共同作为证据。

与传统的分布式存储有所不同，区块链的分布式存储的独特性主要体现在两个方面：一是区块链每个节点都按照块链式结构存储完整的数据，而传统分布式存储一般是将数据按照一定的规则分成多份进行存储；二是区块链每个节点的存储都是独立的、地位等同的，依靠共识机制保证存储的一致性，而传统分布式存储一般通过中心节点向其他备份节点同步数据。

没有任何一个节点可以单独记录账本数据，这就避免了可能因单一记账者导致做假账的可能性。同时，由于记账节点足够多，除非所有的节点被破坏，否则账目就不会丢失，从而保证了账目数据的安全。

7.1.2.2 点对点技术

点对点网络结构与传统的 C/S 结构存在一定差异。点对点网络中的所有客户端都是资源的提供者，这些资源包括存储空间、计算能力和带宽等。当加入点对点网络的客户端增多且对系统的请求增强时，仅有一定数量服务器的 C/S 结构是不能满足客户需求的。

已有研究表明，目前的网络符合“小世界网络”的特点：第一，网络的特征路径长度较短，即网络中所有节点对的路径长度的平均值较小，这是网络的全局特征；第二，网络的聚合系数较大，这反映了相邻两个节点的边数重合度，即该节点的相邻节点之间的重合度，聚合系数是网络的局部特征。区块链网络遵照“小世界网络”的 P2P 结构进行设计。在区块链的生成过程中，其节点可以以是否参与记账来对节点进行划分，可分为候选记账节点、非记账节点两种。

候选记账节点会努力通过共识算法变成记账节点，非记账节点则从事交易与验证。当候选记账节点成为记账节点时，其他交易节点则会把交易信息传送给记账节点，以便其封装生成区块加入区块链中。交易节点把交易信息传送给记账节点的过程体现了“小世界网络”的原理：每一个交易节点并不是把交易信息广播给区块链中的所有节点，而是将交易信息就近传送至簇头节点，再由簇头节点把交易信息发送给候选记账节点，如图 7-2 所示。

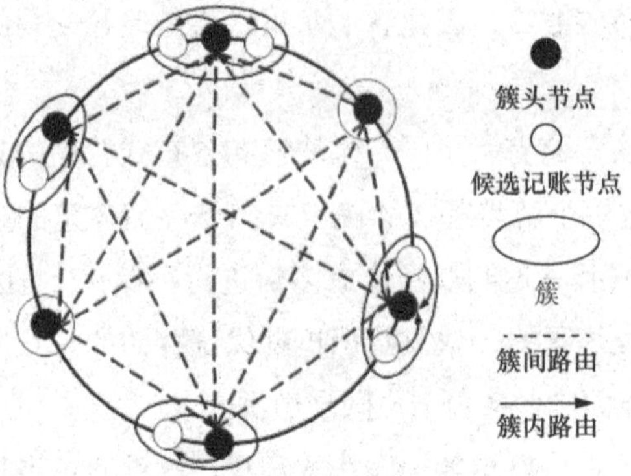

图7-2 “小世界网络”模型在区块链中的应用

7.1.2.3 非对称加密技术

非对称加密技术是保障区块链上所有交易能够在安全的环境下进行的基础技术。非对称加密技术包括公钥和私钥两个密钥，先利用 SHA256 Hash 算法将输入的随机数计算生成私钥，再利用另一个 Secp256k1 椭圆曲线算法把生成的私钥再生成公钥，生成公钥的过程是不可逆的。SHA256 Hash 算法可以生成 2256 个密钥，通过现有的计算能力无法使用公钥反推出私钥，从密码学的角度来看这种生成方法是安全的，能够保障区块链上的数据不易受到恶意攻击。

非对称加密技术在区块链中的主要应用是数据加密和数字签名，具体应用如图 7-3 所示。数据加密的过程主要为：信息发送方利用信息接收方的公钥加密发送信息，然后信息接收方再用自己的私钥对接收到的信息进行解密以获取原始信息。数字签名的过程大致为：信息发送方用自己的密钥加密要发送的信息之后传送给接收方，接收方再用发送方的公钥对信息进行解密。

7.1.2.4 智能合约技术

密码学家 Nick Szabo 对智能合约技术做了如下定义：智能合约是一项计算机协议，它促进、验证或者执行合约的协商或履行，或使合约条款失效，区块链技术不仅能够支持可编程合约，而且还具备不可篡改、公开透明等特点，与智能合约配合得天衣无缝。基于区块链的智能合约创建大致可分为以下 3 个步骤：

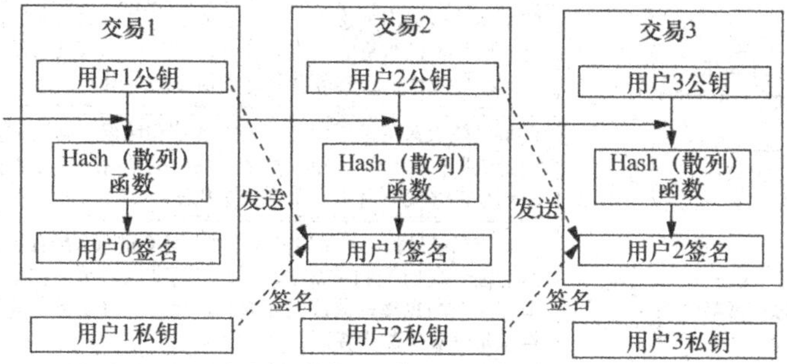

图7-3　非对称加密技术在区块链交易中的应用

① 多方用户一起讨论，共同形成一份符合各方共同利益的智能合约；

② 智能合约以 P2P 网络形式进行传播，并存放于区块链中；

③ 智能合约自动执行。

以保险为例，如果说每个人的信息（包括医疗信息和风险发生的信息）都是真实可信的，那就可以针对一些标准化的保险产品，开展自动化理赔服务。

7.1.2.5　共识机制技术

共识机制就是所有记账节点之间达成共识，认定一个记录的有效性，这既是认定的手段，也是防止篡改的手段。区块链提出了 4 种不同的共识机制，适用于不同的应用场景，在效率和安全性之间取得平衡。

共识机制技术是区块链技术的又一项重要基础技术。目前，人们对共识机制技术的研究和采用共有 3 种方式：工作量证明、权益证明、股份授权证明。

区块链的共识机制具备“少数服从多数”以及“人人平等”的特点，其中，“少数服从多数”并不完全指节点个数，也可以是计算能力或其他的计算机可以比较的特征量。“人人平等”是当节点满足条件时，所有节点都有权优先提出共识结果，直接被其他节点认同后，有可能成为最终的共识结果。

7.1.3　区块链技术的具体特征与基础架构模型

1. 区块链技术的具体特征

区块链技术的具体特征如图 7-4 所示。

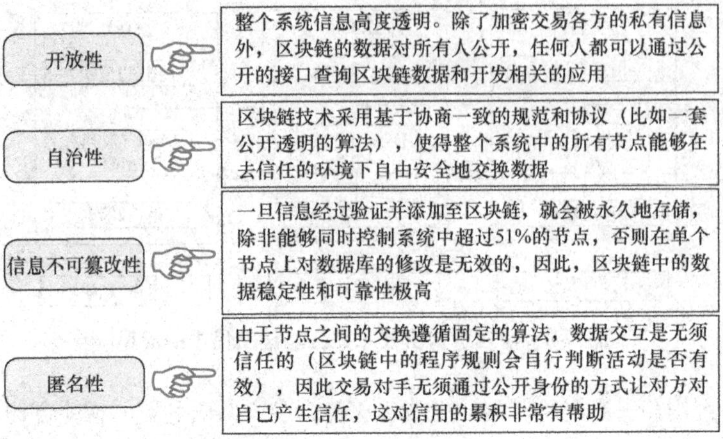

图7–4　区块链技术的具体特征

2. 区块链技术的基础架构模型

一般而言，区块链技术的基础架构由数据层、网络层、共识层、激励层、智能合约层组成，如图 7–5 所示。其中，数据层封装了底层区块数据以及相关的数据加密和时间戳等基础数据和基本算法；网络层则包括分布式组网机制、数据传播机制和数据验证机制等；共识层主要封装网络节点的各类共识算法；激励层将经济因素集成到区块链技术体系中，主要包括经济激励的发行机制和分配机制等；智能合约层主要封装各类脚本、算法和智能合约，是区块链可编程特性实现的基础。在该模型中，基于时间戳的链式区块结构、分布式节点的共识机制、基于共识算力的经济激励和灵活可编程的智能合约是区块链技术最具代表性的创新点。

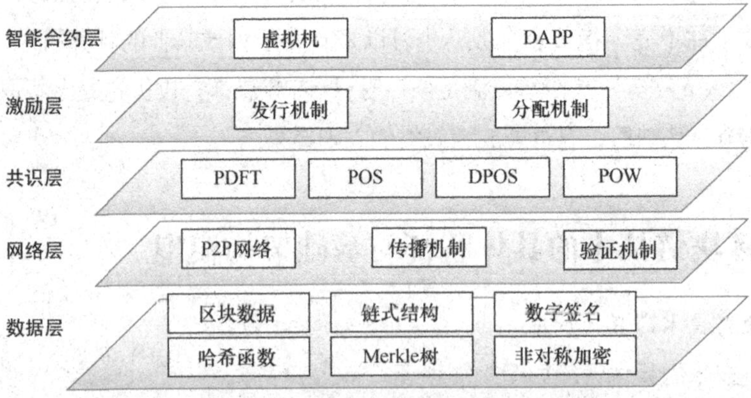

图7–5　区块链技术的基础架构模型

7.1.4 区块链的分类

区块链的分类如图 7-6 所示。

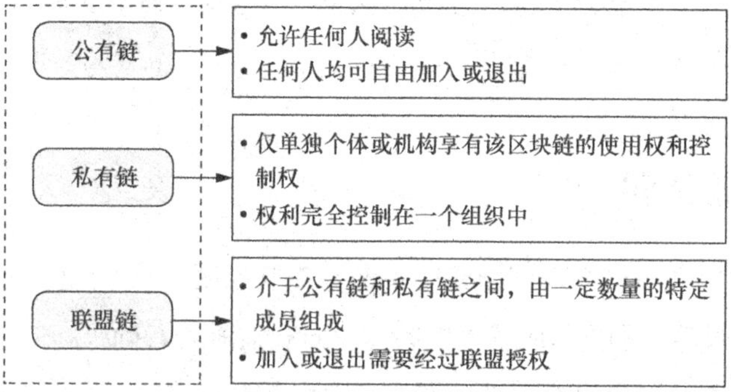

图7-6 区块链的分类

7.2 区块链技术在银行业中的应用

区块链技术在银行业中的应用主要表现为以下几个方面。

7.2.1 反欺诈

现在，不断增多的欺诈行为和网络攻击已成为银行业面临的主要挑战。在传统操作模式下，银行账簿存放于集中数据库中，控制权集中在一个中心机构，客户端进行身份验证后，中心机构就会为访问者提供数据库的访问权限。这种模式容易成为网络罪犯的攻击目标，攻击者不断利用数字技术，绕过现有的安全控制措施，攻击中心机构以获取数据库访问权限并实施欺诈。相比之下，区块链采用的分布式账簿，不仅能够执行实时交易，还具有信息透明、防篡改等特点，能有效防范欺诈行为的发生。

区块链是一个可以存储各类信息和价值交换记录的分布式账簿或数据库，这些信息和记录对所有参与节点是公开、透明的，任何人在账簿或数据库里增加任何数据，都需要得到所有参与节点的确认。任何更改数据的恶意尝试都会被记录下来，使攻击者的行为无所遁形。记录在区块链上的每一条交易，一方面可以提供证据证明银行已按监管机构的合规要求进行了业务处理，另一方面可用于识别和发现欺诈交易行为的攻击者。

7.2.2 权益证明

区块链的每个参与节点都能获得一份完整的数据记录，因此，银行可以利用区块链技术的可靠性和集体维护性的特点，对权益所有者确权。

银行可以基于区块链交易协议建立一个新的交易平台，在没有集中信托或中间人的情况下，区块链技术为交换资产提供了潜在的新媒介。区块链具有信息追溯性和永久保存性的功能，可以备份每一笔交易，从而为交易资产的可靠性和真实性提供充分的依据。例如，当高价值物品被首次认证时，可由值得信赖的中央管理机构颁发相应的数字证书，对产品进行认证，此后，每当该产品被购买和销售时，数字证书随之转移，从而构建一个映射到真实世界的所有权链，并通过该数字证书的区块链历史进行镜像，产品的最终接收者在收到数字证书后能够一直追溯到证书的创建点。这样，区块链固有的不变性和数字独特性，确保了高价值物品的安全转让。

对于土地所有权交易、股权证明交易等有永久记录需求的应用场景，区块链技术是其理想的解决方案。其中，股权证明交易是目前尝试应用较多的领域，股权所有者凭借私钥，可证明对该股权的所有权，股权转让时通过区块链系统转让，整个交易过程产权明晰、记录明确，且无须第三方的参与。

7.2.3 跨境支付与清算

当前，跨境贸易的清算支付都要借助于银行，这种传统交易方式要经过开户行、对手行、中国人民银行、境外银行等机构。在此过程中，每个机构都有自己的账务系统，彼此之间需建立代理关系，获取授信额度，每笔交易需在本银行记录，还需与交易银行进行清算和对账，这一系列过程导致跨境支付清算时间长、费用高、中间环节多。

与传统支付体系相比，区块链支付可以在交易双方之间进行，不涉及中间机构，即使部分网络瘫痪也不影响整个系统的运行。如果基于区块链技术构建一套通用的分布式银行间金融交易协议，为用户提供跨境、跨币种的实时支付清算服务，则跨境支付将会更加简单便捷、成本低廉。通过区块链平台，跨境贸易可以绕过中转银行，减少中转费用，加之区块链技术信息透明、防篡改的特点，提高了跨境汇款的安全性，结算与清算速度加快，大大提高了资金利用率。以跨境汇兑为例，一笔汇款在传统支付体系下可能需要 2 ～ 3 天到账，而基于区块链的结算技术只需几秒即可完成。区块链技术的应用不仅对客户有利，而且可以为银行本身带来运营效率和成本节约的优势。

7.3 区块链技术在证券行业中的应用

区块链开发是分布式数据存储、点对点传输、共识机制、加密算法等计算机技术在互联网时代的创新应用模式，具有 3 个层次：作为分布式网络技术的应用、运用加密学的分布式账本技术和加上数字货币发行机制的公有区块链。

从理论上看，分布式账本技术在证券行业具有广阔的应用前景，应用范围大致包括以下 3 个环节。

7.3.1 证券发行

证券发行是指资金募集者为了募集资金向投资者发行有价证券的行为。传统的证券发行第一要求企业进行股份制改革，第二要寻找证券公司作为保荐机构进行上市辅导，还要通过会计、审计、律师事务所等环节进行评估，出具相关的报告。同时，监管机构要进行审核，在核准以后要通过询价等进行有价证券价格的确定。

7.3.1.1 证券发行过程中的问题

证券在发行的过程中涉及多个中间机构，容易出现很多问题，以下几点最为常见。

① 信息不对称容易出现欺诈风险：证券的发行人具有信息优势，而投资者相对而言处于不利位置，难以掌握风险状况，发行人可能利用自己的信息优势进行欺诈。

② 证券在发行过程中，要同时寻找证券保荐机构和证券承销机构，而通常情况下，这两者是由同一家证券公司担任的。证券保荐机构的作用是监督证券发行人的行为，而证券承销机构的作用是辅助发行人顺利发行有价证券，由此就会产生利益冲突，可能出现问题。

③ 从企业准备上市到最后 IPO 完成往往会需要较长的时间，在整个过程中，由于各种事项是不连续的，就为数据造假创造了条件。

7.3.1.2 区块链技术在证券发行过程中应用的效果

区块链技术在证券领域的应用有助于证券行业克服上面所出现的问题。

针对第一个问题，证券机构通过区块链可以将 IPO 过程中的所有信息，包括发行者提供给中介机构和政府部门的数据资料完全公开，从而提高信息的透明度，降低欺诈风险。

针对第二个问题，区块链技术的存在会大大弱化中介机构的作用。

针对第三个问题，区块链技术具备真实性和可靠性的特点，这可避免出现虚假数据的问题。为了保障区块链技术在证券发行中的效果，证券机构一方面要扩大信息的来源，保证发行人的相关信息全部上传，供投资者查阅；另一方面要将区块链技术和传统金融相结合，做到相互补充，例如，证券保荐机构的职责不能弱化，保荐人还要履行尽职调查并督导发行人信息披露和提示风险等职责。

7.3.2 证券交易

7.3.2.1 证券交易过程中会出现的问题

证券交易过程中会出现的问题是证券存管。证券登记是对证券交易行为加以确认，而证券存管是指由专门的机构保管交易的证券和资金。我国现行的存管制度是证券公司对自己客户的资料进行分散管理，证券公司的资料由中央存管集中管理。登记存管体系的分散增加了投资者的中介费用，并且容易造成信息泄露。

7.3.2.2 区块链技术的解决办法

区块链技术在证券存管领域的应用使得证券存管可以不依赖于任何的中介机构，投资者的各种信息都直接保存在区块链上，任何的买卖交易、股权拆分、股东投票和股票质押等都可以在平台上体现。

7.3.3 证券清算与交收

证券清算是指交易双方进行资金和有价证券交换过程中应收应付的计算过程。证券交收是在证券清算结束以后进行实际交割的过程。

7.3.3.1 传统的清算和交收存在的问题

传统的清算和交收环节存在以下 4 个方面的问题：

① 证券清算与交收周期冗长、环节复杂；

② 当交易涉及多个主体时，各个参与者由于交易时间、交易方向等方面的问题，往往需要人工干预；

③ 清算的成本非常高；

④ 清算与交收的集中度不高，比如在不同的证券领域有不同的清算系统，这种模式会增加整体成本，并且影响证券市场的工作效率。

7.3.3.2 区块链应用于证券清算与交收的益处

券商通过区块链进行证券清算与交收，可获得以下 3 种效果。

① 证券交收和资金交收都包含在一个不可分割的操作指令中，实现货银兑付并降低因一方违约造成另一方受损的风险。违约风险的减少，使得其他风险也会降低。

② 证券结算不再完全依赖中央登记结算机构，因而，每个结算参与人都有一份完整的账单，任何交易都可在短时间内传送至全网，系统的安全性得到保障，操作风险得以降低。

③ 区块链技术将简化结算流程，进而提升清算交收效率，实现交易及结算的T + 0模式。

7.4 区块链技术在互联网金融中的应用

区块链技术可帮助互联网金融企业实现的功能主要有以下几点。

7.4.1 全网身份认证

区块链技术可信身份认证系统基于可信区块链技术，身份认证是全网可信认证，交易方只需注册一次，便可以在多个平台登录和使用。同时，互联网金融企业利用区块链分布式存储，可以更好地保护用户的隐私；用户进行区块链实名认证，在绑定银行卡或其他金融客户端后，可以实名安全交易和防伪溯源。

7.4.2 企业信息及产品备案

区块链数据存证公共服务平台通过标准的数据采集接口采集企业的基本信息、交易数据信息、资金流向信息、合作担保机构在保项目信息等，数据涵盖企业的工商信息、产品信息等。区块链技术将这些原始数据加密后保存于公共服务的分布式数据库或者云存储中，解决信息不公开、不透明、不完整的问题。同时，区块链技术通过创新金融产品报备方式，可实现安全性评测和风险提示。

7.4.3 资产交易

互联网金融大数据中心应用区块链技术可以实现各类资产的转让与交易，基于自主研发的超导网络，可用于多资产的高频小额交易场景，最高设计交易速度可达每秒 10 万笔业务以上。

7.4.4 金融大数据系统

互联网金融企业运用云数据挖掘、云信用计算和云结构服务三大核心技术，可以对信用主体行为数据进行全自动、全天候的挖掘、分析与评价，以及实时的跟踪监测，以实现信息采集、数据运用、分析计算、结果评价和风险预警等过程的高度客观性、智能性和高效性，从而清晰刻画信用主体的信用状况，最后匹配合适的融资渠道，并做到有效地跟踪和风险控制。

互联网金融企业应能够扩大资金来源，为企业提供合规和标准化的资产，便于企业形成规模效益，从而提高企业的盈利能力。金融大数据系统还可依托各地区产业聚集优势，与其他金融类中心相通，为中小企业提供良好的融资服务环境。金融大数据系统还有助于解决平台资产端与资金端的不平衡问题，促进优质资产的快速高效交易，切实提升金融服务实体经济的能力，大力促进科技金融的发展，推动区域金融协同创新发展。

金融大数据系统通过引入区块链技术，具有可溯源及公开的特征，可帮助监管部门实现“穿透式”监管，实现低成本、高效率、可信赖的监管要求。

7.5 区块链技术在供应链金融中的应用

区块链将带领供应链金融进入一个新的高度。供应链技术本身有一定的行业隔离属性，不同行业的供应链金融平台之间直接竞争较小，但资金端本身没有行业限制，因此在资产信用评级、企业信用评级以及风险控制方面的能力将会成为未来扩大资金来源的核心竞争力。区块链技术可打通多方协作，推动供应链金融市场的快速发展，而对底层资产的穿透式监管，也有助于提高资产评级，促进供应链金融资产支撑证券化产品的发行。

7.5.1 区块链助力供应链金融升级

供应链金融是典型的多主体参与、信息不对称、信用机制不完善、信用标的非标准的场景，与区块链技术有天然的契合性。

7.5.1.1 主体合作

供应链金融围绕核心企业覆盖其上下游中小微企业，需要商业银行、保理公司等资金端的支持，以及物流、仓储等企业的参与，还需要企业信息技术服务、金融科技服务等的支持。在多主体参与的环境中，协同合作的基础是信任与利益的分配。

区块链作为一种分布式账本，为各参与方提供了平等协作的平台，降低了机构间信用协作的风险和成本。区块链上信息实现可追踪与不可篡改，多个机构之间的数据实时同步，也可实时对账。

7.5.1.2 多层级信用传递

供应链中往往有多层供应关系、销售关系，但在供应链金融中，核心企业的信用往往只能覆盖有直接贸易往来的一级供应商和一级经销商，无法传递到更需要金融服务的上下游两端的中小微企业。

区块链平台的搭建，能够打通各层企业之间的交易关系，从而实现与核心企业没有直接交易的远端企业的信用传递，将其纳入供应链金融的服务范畴。

7.5.1.3 资产数字化

传统贸易融资中的商票、银票流转困难，且不可拆分，应收账款、预付账款、存货等更是如此。企业在区块链平台上登记，可将此类资产数字化，方便流转，而且可以拆分支付，企业可根据自身的需求转让或抵押相关资产以获得现金流的支持。

7.5.1.4 流程智能化

供应商之间通常是在合同里约定结算方式与时间，没有办法通过系统化的方式自动完成结算，这使得金融机构不能提供强有力的回款保障。供应链金融企业运用区块链技术，则可以通过智能合约来控制供应链流程，减少人为交互，提升产业效率。因为智能合约是自动执行的，这有助于减少操作失误，有助于提升回款保障。

7.5.2 区块链供应链金融的业务架构

7.5.2.1 参与方利益分析

区块链供应链金融的参与方有很多，其利益分析见表 7-1。

表7-1 区块链供应链金融的参与方的利益说明

序号	参与方	利益点
1	核心企业	解决上下游供应商、经销商的融资问题，强化金融职能，增强企业的核心竞争力
2	上下游企业	围绕核心企业开展业务的中小微企业，能够优化现金流，提升资金周转效率，依托核心企业的信用享受低成本金融服务
3	金融机构	商业银行、保理公司、P2P公司等，能够获取更多信息透明、风险可控的优质资产，提升收益
4	其他信息/技术服务商	物流、仓储、企业信息系统、金融科技公司等，可以凭借自身的数据资源或技术优势，扩展业务范围

7.5.2.2 业务流程

有标准化企业信息管理系统的核心企业或金融机构，可直接对接业务系统，获得相关授权，提取企业数据。没有标准化企业信息管理系统的上下游中小微企业，可在获取企业授权的前提下，从第三方信息服务平台抓取数据。供应链金融生态如图 7-7 所示。

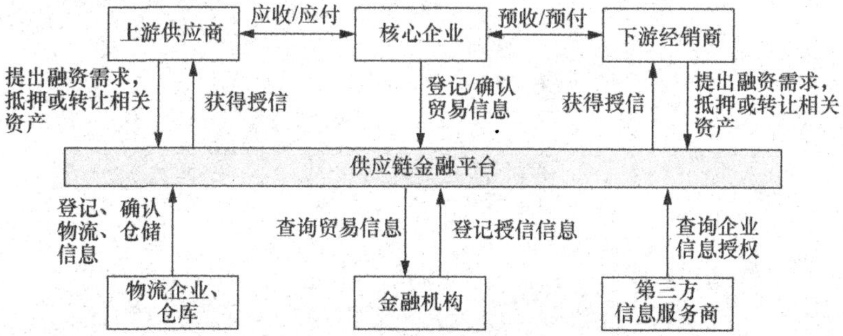

图7-7 供应链金融生态

完整的供应链金融生态能够协调所有参与方，共享数据并形成合作。但在实际操作中，并非所有参与方都必须上链，而且在商业落地的过程中，供应链金融主导者很难整合所有的相关资源，往往是根据主导者自身的资源先从一个角度切入，再把生态逐渐做大、做强。

供应链上的核心企业以及供应链管理的传统巨头企业天然具有开展供应链金融业务的优势，而区块链技术能够更好地帮助它们刻画企业风险，扩大业务覆盖范围。因为资产端源头上链，有利于确权，这对于银行、保理公司等资金端开展供应链金融业务很有吸引力。

第8章

人工智能技术在金融领域的应用

人工智能（Artificial Intelligence，AI）技术的高速发展正在深刻影响着各个行业，金融领域也不例外。人工智能作为众多技术手段之一，将大大简化金融领域的工作业务流程，并使流程更加智能化。人工智能技术的飞速发展，使得机器能够在很大程度上模拟人的功能，并突破时空的束缚，批量且更个性化地服务于客户。人工智能技术在金融领域前端可用于提升客户体验，使服务更加人性化；在中端可支持各类金融交易和分析中的决策，使决策更加智能化；在后端可用于风险识别和防控，使管理更加精细化。

8.1 人工智能概述

8.1.1 人工智能的概念

对于人工智能的概念，国际上没有一个公认的定义。最早提出这一概念的约翰·麦卡锡认为：“人工智能就是要让机器的行为看起来像人所表现出的智能行为一样。”《人工智能辞典》将人工智能定义为“使计算机系统模拟人类的智能活动，完成人用智能才能完成的任务”。此外，还有其他诸多关于人工智能的定义。

人工智能是一门研究模拟人类智能，实现机器智能的科学，研究人员希望机器不是只能够做一些繁琐的工业任务或者数理计算，而是能够拥有独立思考的能力，也就是有“自我”。机器人通过图像识别、动作识别、逻辑判断、自然语言的处理和反馈以及深层次的数学以及理论思考，来体现自我。

从专业角度讲，人工智能是计算机科学的一个分支，结合了计算机知识、心理学知识和哲学知识等，包括机器学习、计算机视觉等领域。人工智能旨在使机器能够胜任一些通常需要人类智能才能完成的复杂工作。

8.1.2 人工智能的关键支撑技术

人工智能已经逐渐发展成一门庞大的技术体系，人工智能领域包含了机器学习、深度学习、人机交互、自然语言、人工神经网络、机器视觉等多个方面的技术，下文将对人工智能的关键支撑技术做简单的介绍。

8.1.2.1 机器学习

机器学习是一门多领域交叉学科，涉及统计学、系统辨识、逼近理论、神经网络、优化理论、计算机科学、脑科学等诸多领域的知识。该学科主要研究机器怎样模拟或实现人类的学习行为以获取新的知识或技能，并通过知识结构的不断完善与更新来提升机器自身的性能，这属于人工智能的核心领域。基于数据的机器学习是现代智能技术中的重要方法之一，它从观测数据（样本）出发寻找规律，利用这些规律对未来数据或无法观测的数据进行预测。

8.1.2.2 深度学习

深度学习学习的是样本数据的内在规律和表示层次，这些学习过程中获得的信息对诸如文字、图像和声音等数据的解释有很大的帮助。它的最终目标是让机器能够像人一样具有分析能力，能够识别文字、图像和声音等数据。

深度学习在搜索技术、数据挖掘、机器学习、机器翻译、自然语言处理、多媒体学习、语音推荐以及其他相关领域都取得了很多成果。

8.1.2.3 人机交互

人机交互是人工智能领域重要的外围技术，主要研究人和计算机之间的信息交换。人机交互是与认知心理学、人机工程学、多媒体技术、虚拟现实技术等学科与技术密切相关的综合学科。传统的人与计算机之间的信息交换主要依靠设备交互，这些设备主要包括键盘、鼠标、操纵杆、眼动跟踪器、位置跟踪器、数据手套、压力笔等输入设备，以及打印机、绘图仪、显示器、头盔式显示器、音箱等输出设备。人机交互技术除了传统的基本交互和图形交互外，还包括语音交互、情感交互、体感交互及脑机交互等内容。

8.1.2.4 自然语言

自然语言是一种处理各类自然的语言数据，并将其转化为电脑可以“理解”的数据的技术。自然语言处理是计算机科学领域与人工智能领域的一个重要方向，是实现人与计算机之间用自然语言进行有效通信的各种理论和方法的集合，其涉及的领域较多，主要包括机器翻译、机器阅读理解和问答互动等。

8.1.2.5 人工神经网络

人工神经网络是从信息角度对人脑神经元网络进行抽象，建立简单模型，按不同的连接方式组成不同的网络的技术。

人工神经网络主要应用在机器人定位与导航中，具有融合多元信息资源的功能，在人工智能领域扮演着重要的角色，特别是智能机器人定位和导向具有较高的应用频率。

8.1.2.6 机器视觉

机器视觉是通过使用计算机模仿人类视觉系统，让计算机拥有类似人类提取、处理、理解和分析图像以及对图像序列进行识别的能力的科学。自动驾驶、机器人、智能医疗等领域均需要通过机器视觉技术从视觉信号中提取并处理信息。随着深度学习的发展，预处理、特征提取与算法处理渐渐融合，形成端到端的人工智能算法技术。根据解决问题的不同，机器视觉可分为计算成像学、图像理解、三维视觉、动态视觉和视频编解码五大类。

8.1.3 人工智能的优势

总体而言，无论是哪种人工智能概念，都体现出图 8-1 所示的几点优势。

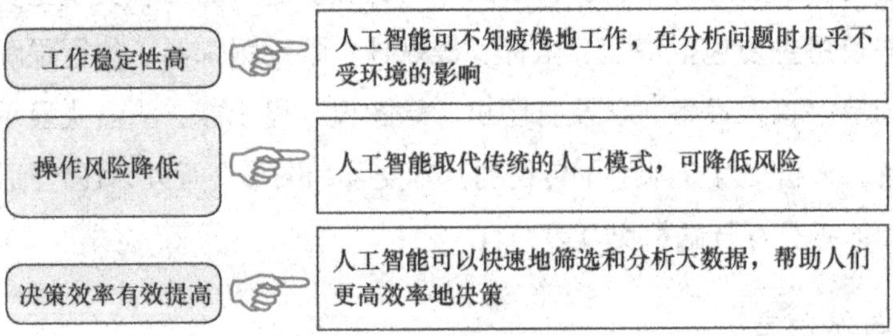

图8-1 人工智能的优势

8.2 人工智能对金融行业的影响

人工智能在某些领域的应用将彻底改变人类目前的生产模式，人工智能将完成人类操作的许多重复性的工作，人力将投向更具价值的工作。对于金融领域而言，人工智能的应用有助于产生以下几方面的改变。

8.2.1 金融行业服务模式更加个性化、智能化

在传统技术模式下，受人力资源和数据处理能力的影响，金融行业往往只能为少数高净值客户提供定制化的服务，而为绝大多数客户提供标准化的服务。人工智能的飞速发展使得机器能够更逼真地模拟人的工作，可以批量实现对客户的个性化服务，这将为金融行业带来重大变革。金融产品设计，服务渠道创新，服务方式提供、风险管理、授信融资、投资决策等方面都将迎来新的变革。在前端，人工智能技术可以用于服务客户；在中端，人工智能技术可以支持授信、各类金融交易和金融分析中的决策；在后端，人工智能技术可以用于风险防控和监督。总而言之，人工智能技术将大幅改变金融行业的现有格局，使金融服务（银行、理财、借贷、投资等方面）更好地实现个性化与智能化。

8.2.2 处理金融大数据的能力大幅提升

长期以来，金融行业沉淀了大量数据，如各类金融交易数据、客户信息数据、市场分析数据、风险控制数据、投资顾问数据等。这些数据容量巨大、形态多样，占据了宝贵的存储资源，但又无法有效转换成可分析的数据以供使用者分析。人工智能的深度学习系统可以使机器学习并分析金融行业的数据，使机器不断完善甚至超过人类的知识回答能力，从而大幅降低人力成本并提升金融风控及业务处理能力。

8.3 人工智能技术在金融领域应用的环节与场景

8.3.1 人工智能技术在金融领域应用的环节

从某种角度来看，金融系统是最能够与人工智能技术相结合并产生价值的领

域。金融领域已经被充分地数据化，这为人工智能技术的应用提供了充分的数据基础；同时，金融体系内各个分支领域的界限相对明确，银行、证券、保险等业务相对独立，使得人工智能技术在垂直领域中可以进行应用，具体见表 8-1。另外，金融领域的生产环节相对容易抽象，相对于工业生产领域，能够有效避免上下游变化、生产管理等因素的直接影响。

表8-1　人工智能技术在金融领域应用的环节

	研发	营销	服务	其他
银行	数据驱动的理财产品设计	• 基于行为预测的智能客户关系管理； • 基于视觉与文本技术的合规工作自动化； • 预测坏账，控制坏账风险	• 网络与实体网点内智能客服； • 数字化资产配置与虚拟财富管理； • 行间短期拆借预测性优化	• 基于视觉技术的客户身份认证； • 基于高吞吐量数据流的处理； • 实时结算与清算系统
证券	高频交易中的智能交易策略	• 基于视觉与文本技术的合规工作自动化； • 预测抵押品结构优化	证券类财务管理机构实体网点内智能客服	• 购买定增股票时的风险评估； • 网点内基于视觉技术的客户身份认证
保险	• 数据驱功的寿险产品设计； • 智能寿险、财险产品定价	• 智能销售团队管理； • 基于行为预测的智能客户关系管理	• 图片、文字分析智能化定损； • 智能理赔客服； • 预测反欺诈风控	无
投资	量化交易与投资中的智能交易策略	智能投资雷达	数字化资产配置优化	无

数据来源：罗兰贝格——《中国人工智能创新应用白皮书》。

8.3.2　人工智能技术在金融领域应用的场景

结合目前行业发展趋势，按照人工智能技术分类，典型的金融应用场景有如下几种。

8.3.2.1　语音识别与自然语言处理应用

1. 智能客服

客服在各个行业中扮演着越来越重要的角色，尤其是金融行业，客服是提升客户满意度，展示企业形象的重要一环。随着微信公众号、App、网页等沟通渠道的发展，以及客户交付习惯的改变，客户不再局限于通过呼叫中心与企业交互，而是可以通过更加便捷的在线交互的方式与企业进行交互，这使得交互数量大大增加，为维持客户服务的满意度，各个金融企业都要投入大量的成本。

据了解，目前仅招商银行信用卡中心，每天除呼叫中心外的在线客服交互量就达到约200万次，如果采用人工客服提供服务，每年可能需要增加数亿元的成本。而智能客服机器人可以很好地解决金融机构在客服方面的痛点，金融机构将人工智能应用在智能客服领域，节省了人工成本，提高了服务的效率及客户满意度。基于人工智能中自然语言理解以及智能知识库方面的技术，智能客服机器人可以理解客户通过各种交互渠道以平常口语化的表达方式提出的问题，并可基于智能知识库对客户的问题进行及时准确的答案搜索，通过自然语言的方式进行回复，示例如图8-2所示。

以小i机器人为例，招商银行信用卡中心通过小i提供服务的智能客服系统可以直接回复客户95%的问题，问题的解决率可以超过99%，招商银行的客户服务效率大大提升，也节省了大量的成本。越来越多的金融企业开始选择智能客服解决方案，作为原有人工客服系统的补充或替代部分原有的人工客服系统。

智能客服应实现的目标与具体服务内容如图8-3所示。

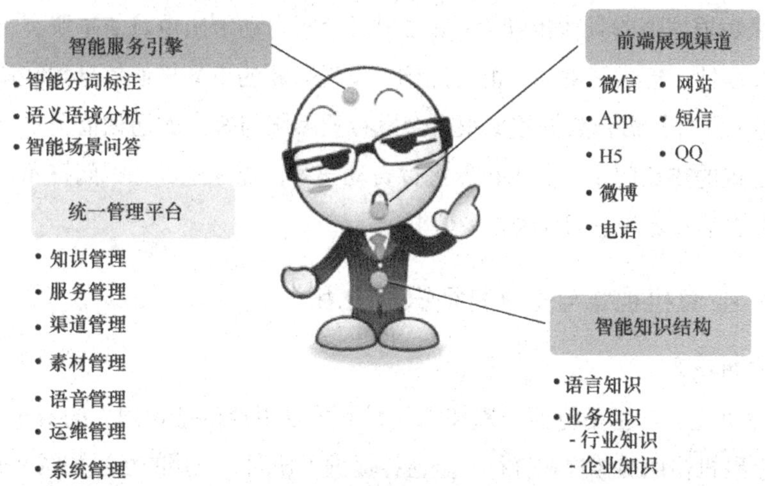

图8-2 智能客服机器人的逻辑结构示例

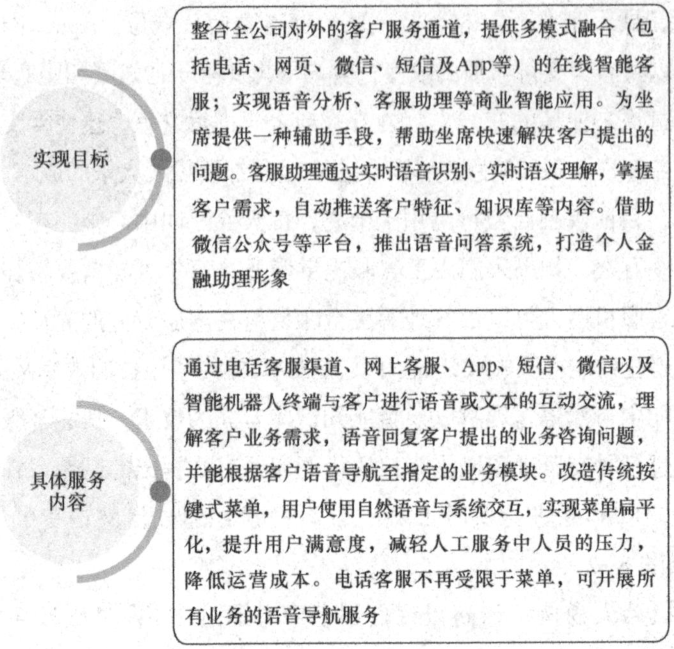

图8-3　智能客服应实现的目标与具体服务内容

2. *语音数据挖掘*

基于语音和语义技术，银行可自动将电话银行的海量通话和各种用户单据内容结构化，分成各类标签，挖掘和分析有价值的信息，为服务与营销等提供数据与决策的支持。

语音数据挖掘的具体步骤为：语音语义分析自动给出重点信息聚类，联想数据集合关联性，检索关键词，汇总热词，发现最新的市场机遇信息和客户关注的热点信息；同时，语音数据挖掘根据金融行业客服与客户的通话情况，可梳理统计业务咨询的热点问题，交由机器进行自动学习，梳理生成知识问答库，并作为后续机器自动回复客户问题的参考依据。

8.3.2.2　计算机视觉与生物特征识别应用

1. *应用场景*

计算机视觉与生物特征识别技术让机器可以更准确地识别人的身份与行为，为帮助金融机构识别客户和进行安全监控提供了便利，应用的场景如图 8-4 所示。

1. 可以利用网点和ATM摄像机，增加人像识别功能，提前识别发现可疑人员，提示可疑行为动作，也可以识别VIP
2. 可以利用网点柜台内部的摄像头，帮助员工识别可疑行为，记录并标记疑似违规交易，并提醒后台监控人员进一步分析，起到警示作用
3. 可以在银行内部核心区域（如数据中心机房、金库等）增加人像识别摄像头，所有人员必须通过人脸识别及证件校验方可进入，同时对于所有进出人员进行人像登记，防止陌生人尾随进出相关区域，实现智能识别，达到安全防范的目的

图8-4 计算机视觉与生物特征识别技术的应用场景

2. 人脸识别技术在金融领域中的主要用途

人脸识别技术在金融领域中的主要用途分为身份核验和场景规模化应用，如图 8-5 所示。

3. 人脸识别技术在商业银行中的应用

人脸识别技术被应用在银行等金融机构的身份核验和支付、取款等方面。使用人脸识别技术后，金融行业可以沉淀大量数据，并将这些人脸数据结合大数据技术，实现对金融系统征信的实时监测，还可以通过人脸识别实现 VIP 迎宾和精准营销等服务优化，从而构建无人值守的智能网点。

身份核验：也称作1：1刷脸，被广泛地应用于互联网金融、银行的远程开户、远程身份认证、远程支付等环节，主要通过刷脸的方式进行校验。一般客户在注册账户的时候，上传身份证照片，智能机器便自动识别出客户的身份证号和姓名，获取相关信息后，会显示官方提供的存档照片。后续，客户进行刷脸操作，智能机器系统获得一张全新的照片或者是一段全新的视频，然后核验已经存在于数据库里的标准照片，判断是同一个人，即客户完成了实名制的注册和认证的过程

场景规模化应用：也称作1：N刷脸，多用于刷脸支付、取款等。比如，在校园内购买水果，使用者进行刷脸操作，之前系统中可能已经预存了学校几千个人的人像信息，智能机器查找到对应的使用者，就可以自动进行扣款

图8-5 人脸识别技术在金融领域中的主要用途

8.3.2.3 机器学习、神经网络与知识图谱的应用

1. 金融预测、反欺诈

金融机构可以大规模采用机器学习技术，导入海量的金融交易数据，使用深度学习技术，从金融数据中提前预测交易变化趋势，做出相应对策。基于机器学习技术构建金融知识图谱，金融机构运用大数据技术把不同来源的数据（结构化数据、非结构化数据）整合，可以检测数据当中的不一致性，分析上下游企业、合作企业、竞争对手企业、子母公司、投资企业、对标企业等的关系，从而进行有效的风控。

2. 融资授信决策

金融机构可以通过数据筛选、建模和预测打分，将不同的资产进行分类并分别处理，比如，将不良资产可直接标为“司法诉讼”，并提醒相关人员处理诉讼事宜。金融机构通过提取企业在其主页、社交媒体等渠道的数据，可以判断企业或其产品在社会中的影响力，比如观测 App 下载量、微博中提及产品的次数和对产品的评价，将数据结构化后，也可推测投资的风险点。金融机构还可借助机器学习技术完成传统金融企业无法做到的在放贷过程中对借款人的还贷能力实时监控，从而及时对后续可能无法还贷的人进行事前的干预，以减少因坏账而带来的损失。

3. 智能投资顾问

智能投资顾问（以下简称“智能投顾”），即运用机器学习技术与神经网络技术使机器能够通过对数据的分析处理自动构建、完善模型，提前判断事物变化的趋势和规律，并提前做出相应的决策。

智能投顾是金融机构将人工智能具备的强大的数据分析能力、深度学习能力应用于投资分析领域的表现。基于技术强大的自然语言理解能力、数据分析能力，智能投顾不知疲惫地分析投资市场公司的定期报告、财务数据、市场传闻等信息，对信息获取和分析的效率及范围远远超过人类投资顾问的能力。智能投顾在大量数据分析的基础上做出的投资决策的准确性可能会超越人类投资顾问。

智能投顾与传统投资顾问在服务内容和服务的主体方面都有所不同，传统投资顾问仅针对高净值人群进行全方位的投资咨询服务，服务成本较高；而智能投顾在降低服务成本的同时，扩大服务人群，两者对比如图 8-6 所示。智能投顾相较于传统投资顾问最大的优势是降低投资顾问个人因素的影响，对数据的分析更

客观、全面，且比较注重风险，能够根据收益率设置止盈或止损。但是，智能投顾也有一定的劣势，智能投顾软件是人为编写的，会遭到恶意代码等安全威胁。智能投顾还具有法律方面的风险，由于目前该领域的监管仍然空白，产品会存在一定的道德风险。

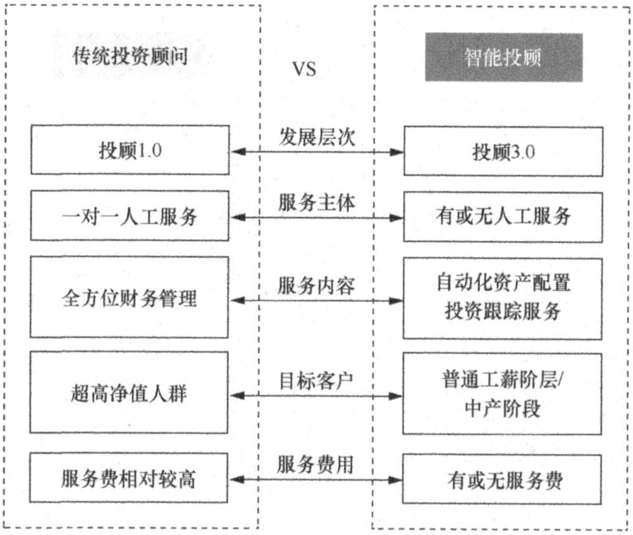

图8-6　传统投资顾问与智能投顾的对比

8.3.2.4　服务机器人的应用

金融机构在机房、服务器等核心区域投放 24 小时巡检机器人，及时发现和处理潜在的风险，替代或辅助人工进行监控。金融机构在网点大堂尝试设置智慧机器人，赋予机器人拟人化功能，赋予其人类的形象和相应动作。机器人帮助网点进行客户业务咨询、答疑，辅助分流，采集客户数据，开展大数据营销工作，完成查询、开卡、销卡等业务的辅助办理。

第9章

监管科技在金融监管的应用

金融是国家重要的核心竞争力，金融安全是国家安全的重要组成部分。党中央、国务院高度重视防范和化解金融风险，党的十九大、中央经济工作会议、全国金融工作会议均对新时代金融监管工作提出了新的、更高的要求。同时，近年随着信息技术蓬勃发展，在此背景下监管科技（RegTech）应运而生，旨在利用现代科技成果优化金融监管模式，提升金融监管效率，降低机构合规成本。

9.1 监管科技概述

9.1.1 监管科技的定义

监管科技（RegTech）由监管（Regulatory）和科技（Technology）两个单词组成，是科技与金融监管全方位融合的产物，同时也是金融科技的一个分支。

目前，监管科技在各国的发展情况差异显著，全球对于监管科技这一概念的内涵尚无统一规范的定义。英国金融行为监管局认为：监管科技是指金融科技公司为金融机构提供的自动化解决方案，利用新技术更有效地解决监管合规问题，降低不断上升的合规费用。国际金融协会（Institute of International Finance，IIF）则认为：监管科技是为了更加有效和高效地解决监管与合规要求而使用的新技术。

我们认为，监管科技是基于人工智能、共识算法、应用程序编程接口的金融监管工具，以系统嵌入、对接方式建立数字化监管协议，统一金融机构数据实时报送接口，采用大数据技术发现新风险，挖掘新规律、创造新价值等。

9.1.2 全球监管科技的发展现状

当前，国际上对监管科技的应用研究逐渐增多，多个主要经济体的金融监管当局已指定专门机构加强监管科技工作的政策研究、规划与统筹协调，以指导和促进相关产业的应用发展。一些行业组织也开始重视监管科技的发展。

9.1.3 我国监管科技的发展状况

2017 年 5 月 15 日，中国人民银行成立了金融科技委员会，旨在积极利用大数据、人工智能、云计算等技术，提升对金融风险的甄别、防范和化解能力，强化监管科技的应用实践。

2017 年 7 月，全国金融工作会议明确了服务实体经济、防控金融风险和深化金融改革三项重要任务，强调健全风险监测预警和早期干预机制，加强金融基础设施的统筹监管和互联互通，推进金融业综合统计和监管信息共享的工作进度，并对监管机构的监管能力和手段提出了更高的要求。监管科技所具备的快速、精确、高效的性能，以及可统筹、可规划、可持续的特点，使之与国家金融战略的需求实现了高度契合。

9.2 监管科技与金融监管

9.2.1 监管科技在金融监管中发挥的作用

随着信息技术在金融业务中的应用日益普及，各类金融信息主要以数字化的形式存储，业界更多地借助技术手段提升信息的采集和分析能力，进而提高监管的覆盖面和工作效率，这是完善金融监管长效机制的必然选择。

在金融科技日新月异的今天，监管科技有助于提升金融监管的专业性、统一性和穿透性。

9.2.1.1 提升合规效率，降低成本

金融机构往往需要向不同的监管部门报送各种繁杂的合规类报表，这些工作如果完全由人工处理，势必造成工作效率的降低和资源的浪费。监管科技的应用有助于金融机构自动收集、整理和精确分析数据，并快速形成报告，减少人工干预并降低错误率。监管科技还有助于监管机构自动锁住某个金融机构的业务、自动生成违规处罚的决定、监督金融机构的整改状况等。

9.2.1.2 提高监管的规范性

金融机构应用监管科技一方面可以避免多头监管，另一方面可以避免因对监管规则理解的偏差而造成的监管不当。金融机构应用监管科技可对新出台的金融政策进行数字化转译，从而避免出现理解上的歧义进而造成执行层面的混乱的情况。同时，监管机构利用大数据等手段实现的数据共享作为当前分业监管相互协调的纽带，帮助金融机构找到重合和不一致之处，从而避免多头监管。

9.2.1.3 提高风险监测识别的能力

监管科技能降低人为操作的风险，实现金融机构对金融风险的感知和预警。监管机构运用监管科技收集与梳理金融机构交易的数据，可以清晰地甄别每一笔交易的触发者和交易对手信息，并能够持续跟踪、监测该笔交易，从而对资金的来源和最终去向进行实时监控、全链条监控，揭示各种金融产品的业务实质。

9.2.2 金融监管依赖监管科技的必要性

金融监管依赖监管科技的必要有以下原因。

9.2.2.1 日益繁杂的监管制度要求

2020年下半年，全球银行领域的监管文件累计将达到3亿多页，这使得监管合规的成本急剧增加（全球金融机构合规成本约为700亿美元/年），监管机构不运用技术手段实施金融监管已难以为继。金融机构需不断增加运营成本应对各类监管要求；监管机构的有限人力则耗费在整理报告等事务性工作上，缺乏精力研究金融监管的重点、难点问题。作为监管的合规创新模式，监管科技已在监管报告自动生成、客户或员工资质审核等多方面大幅降低了人员的工作量，未来还将在更多应用场景中发挥关键作用。因此，监管机构大量运用监管科技开展非现场的实时监管是金融监管未来主要的实施方式，而耗费更多人力的现场检查和书面调查等方式将逐步成为辅助性和非常规性监管的实施方式。

9.2.2.2 监管天然滞后性需借助监管科技弥补

受技术迭代频繁、金融应用快速创新以及监管者约束等因素的影响，金融市场的变化始终快于监管举措，这种监管的滞后性需要借助监管科技进行弥补。例如，监管机构应用监管科技解决方案，可搜集、分析互联网的非结构化数据，提前预判风险；又可通过嵌入式方式获取业务的特征信息和行为数据，实时识别金融机构的违规行为和不当行为；还可通过整合历史信息，比对差异，持续优化监管合规的要求，增强识别违规和不当行为的实时性；甚至可实现监管信息跨国家和地区的共享，提升协同风险的处置能力。总之，监管科技的应用将使监管机构的风险管控能力不断增强，最终可有效提升金融监管的灵活性与自适应性。

9.2.2.3 风险管控需要监管科技

依托金融科技创新的金融服务模式具有与技术紧密结合的特质，因而监管机构只能借助监管科技才能更好地管控风险。由于金融机构具有服务模式高度依赖线上渠道、实时在线运营和拥有多种类用户等特点，在提升金融服务便利性与普惠性的同时，也更易引发操作风险、运行风险、信息安全风险和数据泄漏风险。因此，监管机构依靠技术手段应对和防控风险是对金融科技实施监管的必然选择；引导真正服务于实体经济的模式加速发展，减少机构监管的套利行为，快速甄别以创新为名行欺诈之实的不法机构，也是实现行业可持续性发展的必然选择。

9.3 监管科技应用框架

为提升监管科技的应用效能，监管机构应当建立以金融管理部门为中心，以金融机构为节点，以数据为驱动，具有星形拓扑结构的技术监管框架。事前，监管机构将监管政策与合规性要求“翻译”成数字化监管协议，并搭建监管平台以提供相关服务；事中，监管机构向金融机构嵌入监管“探针”，自动化采集监管数据，进而实现风险态势的动态感知与智能分析；事后，监管机构利用合规模型分析结果风险处置的干预、合规情况的可视化展示、风险信息的共享、监管模型的优化等。监管科技的应用框架如图 9-1 所示。

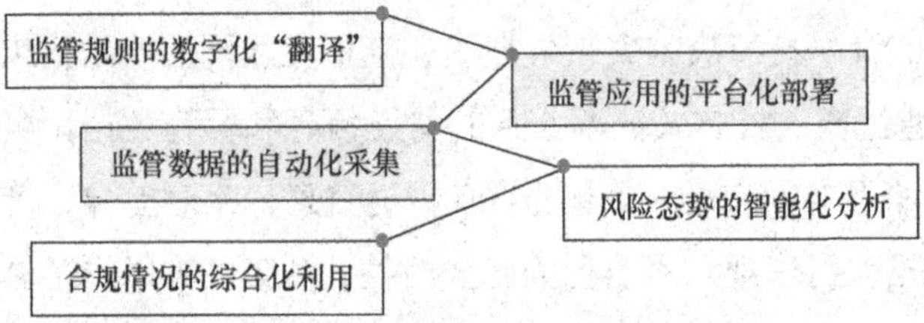

图9-1　监管科技的应用框架

9.3.1　监管规则的数字化“翻译”

以文本形式呈现的监管规则在一定程度上存在理解困难、语义含糊等问题。因此，监管机构要利用信息技术手段将文本规则翻译成数字化协议，以提升金融监管的一致性与权威性，具体措施如下。

① 金融监管机构可以充分应用自然语言处理等技术转译监管规则，精准提取量化指标，建立规则中所涉及的主体间的关联关系模型，实现监管规则数字化的存储与展现。

② 金融监管机构可以利用计算机程序设计语言将监管规则编译为程序代码，从关键操作流程、量化指标、禁止条款等方面进行编程开发，将其封装为具有可扩展性的监管 API 等监管工具，实现机器可读、可执行、可对接。

③ 金融监管机构可以建立健全数字化监管规则库，充分整合、归集不同领域、不同业态的数字化监管规则，利用深度学习、多级融合算法等手段及时挖掘、发现监管漏洞、分歧和新需求，以增强金融监管的自我完善、自我更新、自我提高的能力。

9.3.2　监管应用的平台化部署

监管平台是承载监管科技应用的关键信息基础设施。监管平台的建设既要有效地整合不同架构的业务系统，处理多源异构的监管数据，也要具备敏捷部署服务、资源动态分配等能力。

① 监管平台利用微服务架构、容器技术等手段，将监管功能切分成颗粒度较小的微服务并将其置于容器中运行，以缩小金融机构各业务系统的差异；同时整合相关联的微服务使之形成微服务簇，共同完成大型复杂的监管任务。

② 监管平台应用虚拟化技术实现监管服务的敏捷部署，搭建适应监管要求的应用环境。

③ 监管平台充分发挥云计算按需分配、弹性扩展的资源配置优势，根据监管负载的需要实时动态调配信息技术资源，最大限度地提高对监管业务需求的响应速度和支撑效率。

9.3.3 监管数据的自动化采集

金融监管就是数据监管，金融数据的采集、汇聚是数据监管的基础，因此监管机构要建立完善的监管数据采集体系，为金融监管提供有效支撑。在数据提取环节，监管数据采集体系应优化监管数据的报送手段，利用 API、系统嵌入等方式，实现金融管理部门与金融机构之间的实时数据交互，减少人工干预，降低合规成本。在数据传输环节，监管数据采集体系应利用密码技术、数据安全存储单元等支撑监管数据的传输，通过属性、对象和访问类型标记元数据，增强监管数据采集过程的安全性和可靠性。在数据清洗环节，监管数据采集体系应针对海量异构金融数据，特别是由数据来源广、关联系统多等原因而产生的低质量数据，综合应用数据挖掘、模式规则算法、分析统计等手段进行多层清洗，使获得的数据具有高精度、低重复、高可用等优势，为风险态势分析等提供更为科学合理的数据支持。

9.3.4 风险态势的智能化分析

风险分析是金融监管的核心环节。金融监管机构要基于人工智能技术实现金融风险的智能化监测，以提升金融风险的态势感知能力，具体如图 9-2 所示。

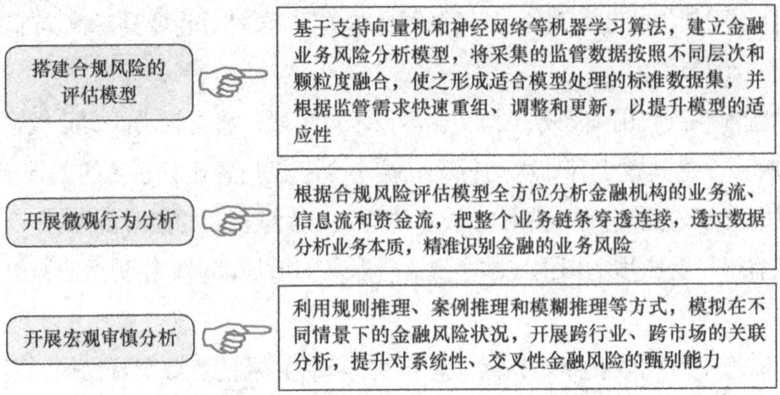

图9–2 风险态势的智能化分析

9.3.5 合规情况的综合化利用

金融机构应针对风险态势智能分析所采集的数据，以提升金融监管的有效性。

① 金融机构借助深度学习等技术自动化处置风险隐患，针对不同的风险类型触发最优的风险处置和缓释措施，如：对欺诈交易采取自动中断措施，对系统性金融风险实行早期预警等。

② 金融机构利用可视化等技术全方位、全要素展现合规情况，同时借助云平台等促进风险态势的互通，实现风险信息在监管科技参与主体间的全局共享，最大限度地隔离风险。

③ 借助数据分析和模式识别等技术，金融机构将风险态势分析结果、合规情况报告、历史监管数据等进行自动抽取、反复迭代，以促进算法的重构与优化，建立更准确、完整、合规的分析评估模型和内部管理规则。

9.4 监管科技的市场框架及应用

监管科技的市场参与主体包括监管部门、金融机构和第三方监管科技机构（监管科技公司)。

监管部门向金融机构提出监管要求，例如，协商创新监管数据采集方法和统计分析方式，同时给予第三方监管科技机构专业指导以达成监管共识。金融机构可向监管部门和第三方机构监管科技机构开放共享监管要求的数据接口。第三方监管科技机构搭建监管科技平台，并为金融机构提供技术服务。监管部门、金融机构、第三方监管科技机构应通力合作，为监管科技产业营造良性的发展环境。

9.4.1 监管科技在监管部门中的应用

监管部门可利用科技手段，将监管政策转换为数字化、标准化的程序语言，为金融机构提供各种监管应用程序接口，实时获取监管数据，利用云计算、大数据等技术自动化、集中化地汇集分析监管数据，判断监管的风险点，监测监管的合规性，有效地提高监管效率。

9.4.2 监管科技在金融机构中的应用

金融机构可利用监管科技优化内部的日常运作方式，积极识别业务风险，提高工作效率，持续达成监管合规目标。

① 金融机构构建数据程序 API，创新报告方法，优化监管数据的生成和报送手段，减少人工干预，防范操作风险，降低监管成本。

② 金融机构通过大数据技术建立金融业务（如支付、征信、信贷、理财业务等）的风险防控模型，积极识别异常业务或潜在的风险，并采取有效的措施及时应对，实现对被监管业务合规性的事前评估。

③ 金融机构通过机器学习方法，从大量的非结构化数据（邮件、文档等）中分析组织内部的行为，评估业务操作流程是否符合监管要求，是否存在欺诈、隐瞒、信息泄露等风险操作的行为，实现对被监管业务合规性的事中监测。

④ 金融机构采用监管科技持续提升金融业务的合规性和市场竞争力。

9.4.3 监管科技在第三方监管科技机构中的应用

第三方监管科技机构能够以数据为基础，以落实监管要求为目标，采用先进的技术搭建监管合规平台，为监管部门和金融机构提供降低成本、提质增效的服务。以按揭贷款为例，放贷银行需要客户出具半年的流水或存款证明，若第三方监管科技机构能对接各商业银行系统，申请查询相关客户的部分信息，那么放贷银行则无须要求客户提供证明，而是直接从第三方监管科技机构购买相应服务。

第10章

智慧银行的建设

随着全球各产业不断地实现“智慧化”,智慧银行成为银行业转型的必然方向。科技的进步、电子渠道的发展、技术手段的驱动是银行业不断向智慧银行转型的压力和动力。

智慧银行的建设是一场理念、策略、流程的变革和实践。通过应用成熟的智能技术和设备，银行的传统经营模式、管理机制、业务体系及品牌文化将得到再造与重塑。

10.1 智慧银行概述

10.1.1 智慧银行

智慧银行是传统银行、网络银行发展的高级阶段，是指银行企业以智慧化的手段和新的思维模式来审视自身需求，并利用创新科技打造的新服务、新产品和新业务的模式，以实现规模经济，提升效率并降低成本，达到有效管理客户和提升营销绩效的目的。

智慧银行能更好地为客户提供高效、便捷的一站式综合金融服务。通俗来讲，智慧银行就是指银行运用新思维、新技术、新模式，对传统的金融服务体系包括产品、流程、渠道、运营、营销、风控等进行智能化的改造，重塑银行在信息和信用中介方面的主导地位，构建开放、合作、共赢的金融生态圈。

10.1.1.1 开放银行

开放银行是指银行把金融服务通过开放 API 等方式开放给外部客户（企业或个人），客户可以调用 API 来使用银行的服务，而不需要直接面向银行。银行通过 API 的开放促进了跨界融合，实现银行与银行、银行与非银行的金融机构、银行与跨界企业间的数据共享与场景融合，从而极大地拓展了银行服务的生态。

开放银行成为近年来国内外银行转型的新浪潮。开放银行的概念起源于英国，2018 年 1 月，英国的 9 家银行实现了数据共享，首次落地开放银行的理念。2018 年 7 月，上海浦东发展银行在北京率先发布“API Bank（开放银行）”，标志着国内首家开放银行的落地。随后，多家银行纷纷展开探索，通过开放 API，实现金融和生活场景的连接。

以 API Bank 为代表的开放银行 4.0 时代即将到来。未来，银行的商业模式将从

B2C 变为 B2B2C，服务标准也将从标准型的净推荐值升级为整合型的净推荐值。随着金融服务嵌入生活与生产的方方面面，“场景在前，金融在后”的跨界生态圈将成为主流。虽然目前开放银行的应用仍处于早期阶段，但未来，银行的账户功能、支付功能、理财产品、贷款产品等势必将形成标准化的 API 并被集中输出，成为打通跨界生态的接口。

10.1.1.2　无人银行

无人银行一般指自助银行，是指银行通过科技手段减免传统银行的人工操作。银行运用生物识别、语音识别、数据挖掘、人工智能、全息投影等科技手段，代替传统银行的柜员、大堂经理、引导员等岗位，为客户提供全自助式的智能银行服务。

短期内无人银行仍处在试点阶段。中国建设银行开启了无人银行的试点工作，通过更高效率的智能柜员机替代柜员、保安、大堂经理，刷脸和身份证替代人工验证的方式。尽管无人银行为银行网点的转型打开了新路径，但目前银行业务还难以实现百分百的无人化，因此未来的一段时间内，无人银行仍将作为探索性的试点存在。

10.1.2　智慧银行的产生背景

智慧、跨界、泛在成为社会的共同追求，也是传统银行转型的关键时刻，在此背景下智慧银行应运而生。智慧银行的发展具体分为以下 3 个阶段。

（1）第一阶段为“标准化”

在第一阶段，零售银行的战略及理论基本形成，网点转型概念从面向交易型转向服务型，其中包括网点形象改造、网点选址、服务标准和流程优化、销售语言及岗位规范等。

（2）第二阶段为“系统化”

在第二阶段，银行网点转型的理论发展已成熟，包括综合化、体系化的网点整体转型与管理，网点战略、渠道策略与运营优化相结合的定量分析，体验式营销设计理念及实践等。

（3）第三阶段为“智能化”

银行智能化是指近年来兴起的自助银行、智能银行。随着科技的不断发展，基于宽带 4G 网络、Wi-Fi、近场通信、智能设备等最新创新手段的应用，银行的网点布局、流程、管理及 IT 系统等进行了全面转型，不仅降低了银行人力和资源成本，还提高了服务效率和客户体验。

智慧银行强调从全渠道规划网点的定位，集成传统渠道与电子渠道，优化渠道与流程服务，在客户真正需要时提供有效服务。智慧银行还强调“社交参与”，如通过微信等社交媒体获取客户需求，加强客户服务与产品营销，将客户服务从单一网点延伸至社交网络。

10.1.3 智慧银行的特征

智慧银行主要具备图 10-1 所示的 4 个特征。

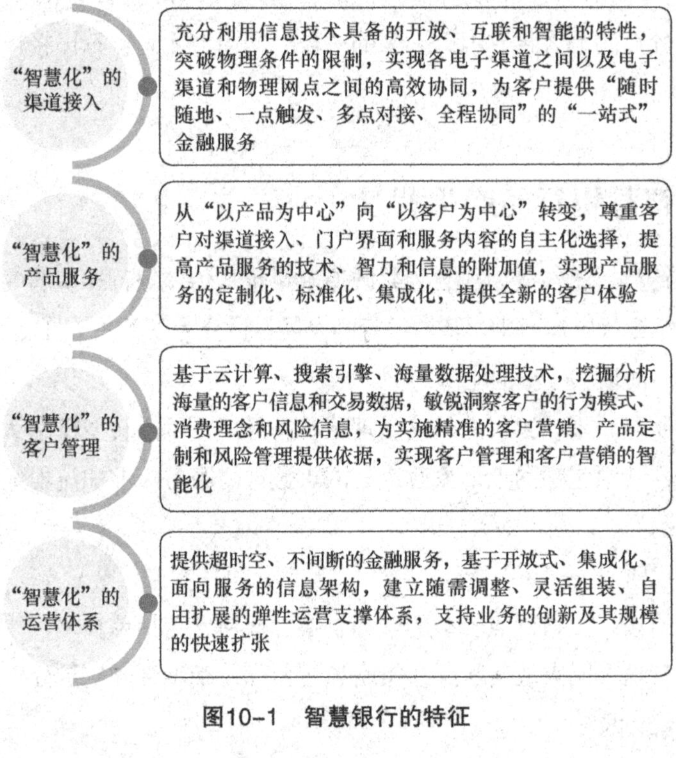

图10-1 智慧银行的特征

10.2 建设智慧银行的必要性

10.2.1 传统银行面临的巨大挑战

随着信息技术与金融业务的加速融合，货币形式、服务手段、风险管理等金融核心环节正在经历创新与变革。特别是大数据、智能终端与移动网络的快速发展，改变了人们的生产生活方式，使金融市场环境、客户需求和服务模式发生了深刻变化，催生了互联网时代的金融新业态。未来3～5年，互联网公司将会在金融领域继续开拓创新，传统银行业将面临巨大的挑战，如图10-2所示。

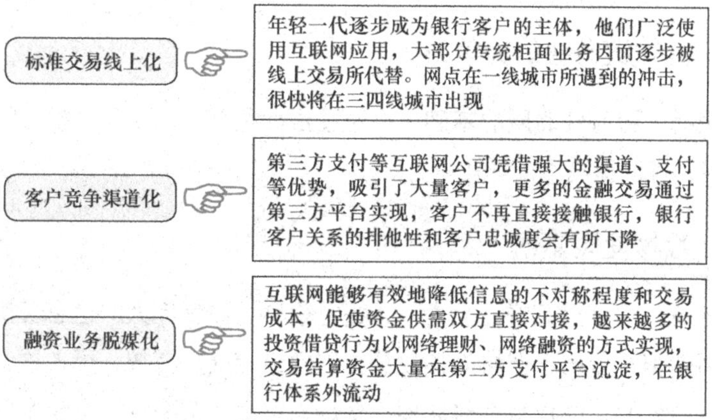

图10-2 传统银行业面临的挑战

10.2.2 智慧银行的优势

与传统银行的网点相比，智慧银行在商业模式、业务模式、运营模式、盈利模式等方面进行了转型创新，重新设计了原有的业务流程，使银行业务更加专注于改善客户的整体体验，优势具体如图10-3所示。

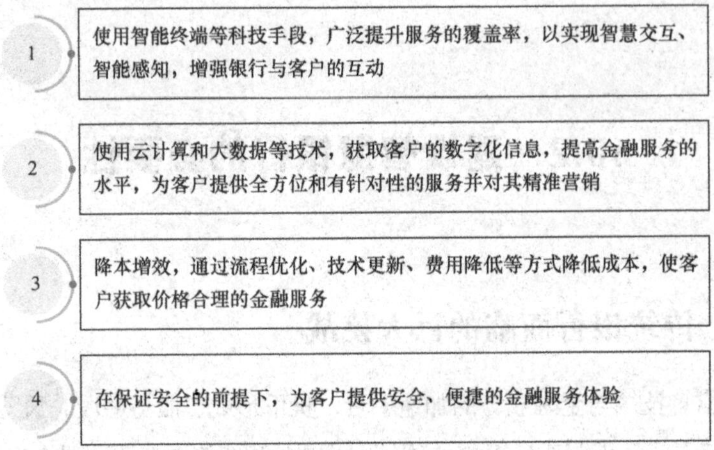

图10-3　智慧银行的优势

10.2.3　发展智慧银行的必要性

10.2.3.1　提升银行业的竞争力

智慧银行在银行物联网的基础上，通过银行私有云，提升了银行的工作效率和服务水平，进而提高了市场竞争力。

10.2.3.2　数据发展驱动

作为信息化程度最高的行业之一，银行积累了数量庞大的信息资源，这对现有的信息系统架构提出了严峻的挑战。如何建设合理、有效、可扩展，且满足大数据存储、检索要求的信息系统架构，是每一家银行需要解决的现实问题，聚合大数据是银行数据发展的必然结果。

10.2.3.3　实现智慧城市

智慧银行是建设智慧城市的重要环节，建设智慧银行可以带动智慧城市建设的发展。城市经济是城市发展的命脉，也是新一代信息技术应用和创新的重要领域。以商业银行为代表的金融业是智慧城市建设中的核心环节之一。

10.3 智慧银行细分市场的分析

10.3.1 传统银行运行及智慧化的分析

10.3.1.1 传统银行业务效率的分析

近几年来，国内各大银行纷纷上市以实现资本扩张，在资金运作能力及经营规模等硬实力竞争指标方面都取得了明显的提升，然而在服务理念、服务效率及顾客关怀等影响客户满意度的服务软实力竞争指标方面却没有明显的提升。虽然很多银行在调整营业时间、投入自助柜员机及改造营业厅环境等方面做了大量的工作，但客户对银行的总体满意度评价并没有明显的提升，营业网点排队现象仍非常严重。

10.3.1.2 传统银行客户管理分析

客户是银行的利润来源，银行必须依靠客户才能生存。客户管理营销是银行的一种竞争战略，贯穿于银行的每一个部门和经营环节。银行通过分析客户差异，掌握客户需求特征和行为爱好，积累和共享客户资源，有针对性地为客户提供各种服务，来实现客户价值和银行利润的平衡。

10.3.1.3 传统银行成本费用分析

成本费用是企业在一定时期的生产经营过程中所消耗的物化劳动价值和劳动者为自己所创造价值的货币表现，也表现为企业在各种形态上的资金耗费总额。商业银行的成本费用包括营业成本和费用两大类。

10.3.1.4 传统银行智慧转型模式

传统银行智慧转型模式有 3 种，如图 10-4 所示。

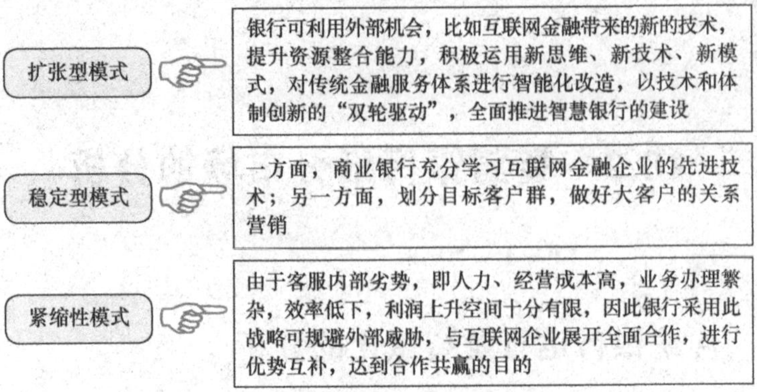

图10–4　传统银行的智慧转型模式

10.3.2　网上银行运行及智慧化分析

10.3.2.1　网上银行服务状况分析

中国互联网信息中心的数据显示，近年来，我国网上银行的用户规模呈逐年上升的趋势，但随着第三方支付和移动支付的发展，网银用户规模的发展速度有放缓的态势。

10.3.2.2　网上银行智慧转型模式

近年来，网上银行、手机银行等电子渠道快速发展，多家银行的电子渠道的交易替代率达到 80%，部分银行甚至在 90% 之上，这些奠定了电子渠道客户规模的基础。同时，电子渠道交易规模和客户使用习惯已经初步形成，电子银行业务发展正在从大规模业务扩张向对既有客户深耕细作过渡。

10.3.3　移动银行运行及智慧化分析

10.3.3.1　移动银行发展规模分析

移动银行是网上银行的延伸，也是继网上银行、电话银行之后的一种便捷的金融业务服务方式，有贴身“电子钱包”之称。移动银行一方面延长了银行的服务时间，扩大了银行的服务范围；另一方面无形地增加了业务网点，真正实现了24小时的全天候服务，大力拓展了银行的业务。

10.3.3.2 移动银行服务状况

随着信息通信技术的发展，移动银行的服务内容不仅更加丰富多彩，而且服务方式也更加便捷，由此产生了基于客户端的手机银行。

10.3.3.3 移动银行智慧转型模式

（1）丰富业务应用场景

商业银行的移动金融业务可以不断丰富应用场景。在互联网金融时代的背景下，场景不知不觉成为真正的风口。

（2）跨界合作打造特色产品

传统的商业银行想要发展移动金融，势必需要搭乘"互联网+"的列车。互联网公司在平台、流量和大数据获取等方面具有天然优势，许多银行选择与其合作，共同开展移动金融业务。

（3）建立和谐的生态系统

不同模式的移动金融的发展决定了不同的生态圈，而支付、电商、理财等生态圈组合构成了一个移动金融的生态系统。而这个生态系统的构建仅依靠商业银行的力量是无法完成的，必须要结合运营商、互联网公司、大数据提供商等企业共同打造。

10.3.4 社区银行的建设及其智慧化分析

10.3.4.1 社区银行的功能分区

（1）传统银行网点的功能分区

传统银行的网点一般分为6～8个区域，如咨询引导区、客户休息等候区、柜台业务办理区、自助服务区、贵宾服务区、营销信息发布区等。

（2）社区银行网点的功能分区

社区银行可根据整体规划和建设，打破原有的功能分区的格局，重新设计和整合社区银行的网点布局，建立面向客户体验和便民服务的全新布局模式，最大化发挥社区银行的服务与销售的核心作用。社区银行可有效地利用空间，合理搭配功能区，在指定的区域内，设计互动展示环节，增强互动性、趣味性，增加电子渠道业务。

10.3.4.2 社区智慧银行的功能与流程

（1）自助服务区的建设

自助服务区拓展、延伸了原有的银行自助服务，提供 24 小时金融服务，涵盖大部分自助服务。社区银行可根据目标客户群和客户行为习惯有针对性地设计与布局自助服务区。

（2）客户体验区的建设

在社区银行中，传统网点的咨询引导区、营销区和休息等候区合并成为客户体验区，弱化原有的咨询引导区和营销发布区。客户体验区的内容丰富，是社区银行网点中最为重要的展示、服务与销售区域。

（3）便民服务区的建设

便民服务区可提供智能营销终端、优惠券自助打印机、免费电话机、擦鞋机、便民雨伞、免费饮品等一系列的便民服务。

（4）休闲娱乐区的建设

社区智慧银行可为客户提供温馨、舒适的体验环境，小游戏、免费饮品等可让客户感受到宾至如归。

10.4 智慧银行建设的内容与方向

智慧银行解决方案应涵盖排队叫号、引导分流、业务预约、电子填单、信息发布、移动办公、互动营销、网上银行、业务办理、客户管理、服务评价、运行监控、大数据分析等多个流程，并以此形成完整的智慧银行产品线体系，各条产品线作为智慧银行核心管理子系统有机协同，从而形成完整、高效的银行网点智能化运行模式。

10.4.1 智慧银行建设的内容

智慧银行建设的内容见表10-1。

表10-1 智慧银行建设的内容

序号	建设内容	说明
1	网点规划设计	创新的网点功能分区为客户提供人性化的体验，网点通过全新的布局分区管理客户
2	智能自助设备	布放功能更加齐全的现代化自助设备，增强客户体验，提升自助化水平
3	流程优化改造	通过网点规划、系统应用、设置改造，达到流程优化、提升网点服务效率的目的
4	后端集中管理	集中管理网点内所有的电子化设备，降低网点的运维成本

10.4.2 智慧网点的建设思路

10.4.2.1 网点划分

根据银行的实际情况，银行可将目标网点划分为3类：一是乡镇网点（除中心社），可将其打造成轻型的智慧网点；二是城区网点，可将其打造成社区智慧银行；三是城郊分社和营业部，可将其打造成全功能精品智慧网点。

10.4.2.2 布局设计原则和产品准入原则

（1）布局设计原则

银行可采用实体网点加体验展览的模式，“虚实结合”进行建设。智慧银行体验中心的设计原则包括以下两点：

① 在建设布局上，有机融合在研产品和未来产品，突出智慧银行体验至上的理念；

② 通过客户的参与和体验，银行可加速创意向产品转化、产品向市场推广的进程，同时向客户收集建议和反馈信息，激发新的产品创意，实现由实向虚的探索。

（2）产品准入原则

在产品准入上，网点建设包括以下两点：

① 实体网点应注重服务及运营流程的改进，从而整体提升现有产品及服务的品质；

② 体验展览区域布放的产品应紧密围绕客户需求，不盲目追求高新技术的炫酷效果。

10.4.2.3　网点功能分区与科技投放

网点功能分区与科技投放的内容见表 10–2。

表10–2　网点功能分区与科技投放的内容

	轻型智慧网点	社区智慧银行	全功能精品智慧网点
功能分区	• 现金区； • 非现金区：电子银行体验区、填单区、排队等候区； • 自助服务区：CRM、ATM	• 现金区； • 非现金区：金融产品展示区、电子银行体验区、咨询引导区、排队等候区、便民服务区； • 综合自助服务区：CRM、ATM、自助查询机； • 贵宾服务区	• 现金区； • 非现金区：金融产品展示区、电子银行体验区、咨询引导区、金融互动体验区、休闲娱乐区、排队等候区、便民服务区； • 综合自助服务区：CRM、ATM、自助查询机、纸币硬币兑换机； • 贵宾服务区； • 营销服务平台和信息发布平台
科技投放	智能取号机、网上银行体验机（移动银行、微信银行）、CRM、ATM	金融产品展示台、智能取号机、网上银行体验机（移动银行、微信银行）、CRM、ATM、自助查询机、自助发卡机、贵宾理财系统	金融产品展示台、智能取号机、网上银行体验机（移动银行、微信银行）、CRM、ATM、自助查询机、自助发卡机、贵宾理财系统、3D投影、大屏展示、桌面式自助服务终端、娱乐电视

10.4.3　阶段性目标

智慧银行的建设是一个长期的过程，银行可根据实际需求将目标分为近期目标、中期目标、远期目标，如图 10-5 所示。

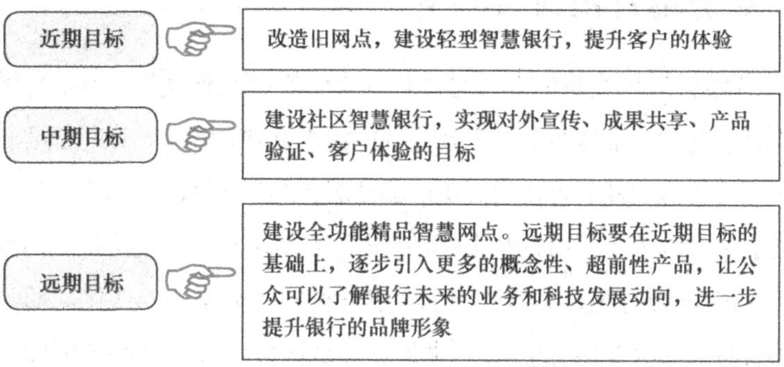

图10-5　智慧银行建设的阶段性目标

10.4.4　后台保障

银行建设智慧银行体验中心，其技术创新、技术展现手段是外在表现形式，是引领业务创新的基石。而创新业务、流程和提升管理水平是内涵，是支撑传统银行走向智慧银行的核心动力。体验中心的建设和运营需要有一套完善的保障机制。

智慧银行的建设工作涵盖网点建设、产品创新、系统建设等多个方面，是一项复杂的系统工程。银行宜参照项目管理流程，综合评估时间、范围、成本、质量、风险等多方面的因素，严格依从实施计划制订、明确干系人、工作任务分解等项目管理措施，按时保质地推进各项工作的落实。资源配置保障包含人力资源和财力资源，为确保智慧银行稳步有序的建成，银行宜在网点资源配置上给予相关的保障。

10.5　构建智慧银行的关键点

开展业务运营创新与转型、实施风险管理、加强前瞻性与应变能力以及构建面向业务的动态 IT 基础架构是传统银行走向智慧银行的四大关键点。

10.5.1 业务运营创新与转型

业务运营创新与转型是指银行通过业务流程整合、前台业务创新和渠道整合等方式实现以客户为中心的银行业务以及高效的流程管理，其中，银行核心转型和多渠道的转型创新是重点。前者意在提高新产品及服务的上市速度，后者包括减少前台柜员非交互性的工作环节，并将这些工作环节转移至区域或总部的集中业务处理中心。

智慧银行就是银行能预测客户需求，感知客户行为模式的变化，随时随地通过便捷的渠道提供个性化的金融产品与服务。智慧银行不仅可以通过市场变化了解客户的行为，还会分析客户日常接触的渠道，以便可以通过合适的方式预先为其提供所需要的产品和服务。

当银行可以通过更多互联互通的渠道与客户接触并坚持把客户的利益放在首位时，其将会被视为值得信赖的顾问，并最终让客户成为银行的追随者。

银行通过业务流程整合、前台业务创新、渠道整合等方式实现以客户为中心的银行业务和优化且高效的流程，以达到图 10-6 所示的目标。

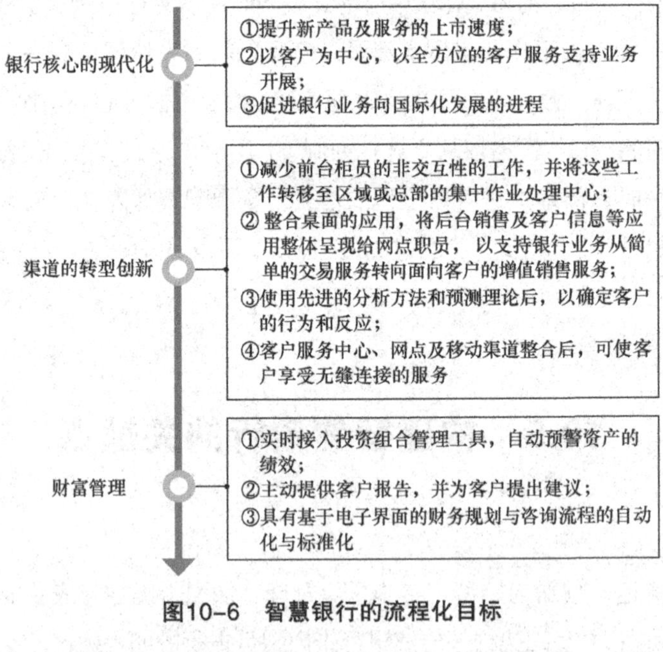

图10-6 智慧银行的流程化目标

10.5.2 整合实施风险管理

银行应实时、准确地预测及规避各类金融风险，优化内部资本结构。所以，银行在构建智慧银行时，需要通过定量风险技术手段预测并规避未来的风险，紧密应对新资本模型的设计，调整业务目标，将制度遵从转化为企业竞争优势，为银行整合实施风险管理战略，该战略如图 10-7 所示。

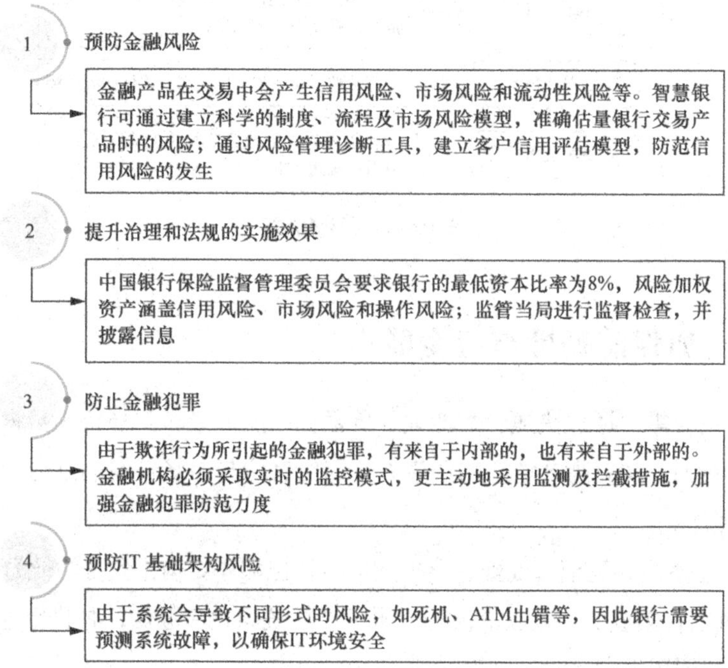

图10-7　风险管理战略

在把风险管理与价值创造联系起来的商业新趋势下，企业风险管理（Enterprise Risk Management，ERM）应运而生。

ERM 是一个结构化的方法，可将企业组织内部不同层面的公司治理、政策流程、金融风险策略、技术和数据等联系起来，以达到识别、测量和管理企业风险的目的。ERM 可帮助企业处理所有的重大风险，以达到最大化股东价值的目的。ERM 涵盖了多种商业运作思维，如积极的组合管理、基于风险的定价和决策、经风险调整的绩效测量以及基于风险的资本预算。

一个实用的 ERM 框架如图 10-8 所示。

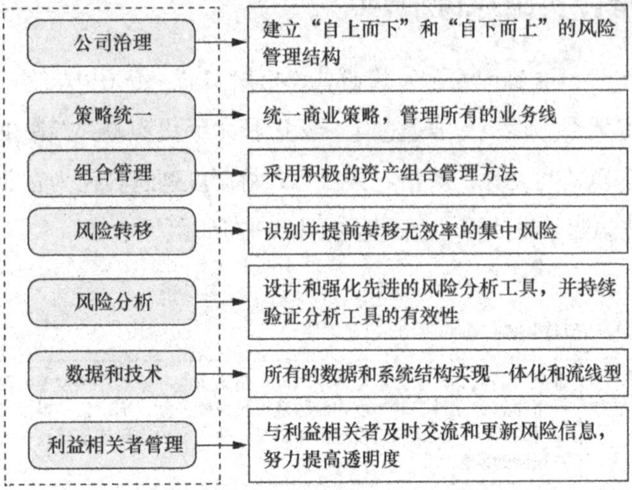

图10-8　ERM框架

10.5.3　加强前瞻性与应变能力

智慧银行需要通过快捷、智能地分析银行内的海量客户与交易数据来提升洞察力和判断力，并更高效地应用洞察力来回应客户与市场环境的细微变化，从而达到如下目标：

① 具备量度、建模、处理、分析大量结构化和非结构化数据的能力；

② 可以在集成的、互联的流程、服务、系统间共享数据，并将经过智能分析与加工的数据用于支持业务决策；

③ 具备基于数据分析、及时地向客户提供服务与反馈的能力，支持以客户为中心的服务模式与客户体验。

10.5.4　构建面向业务的动态 IT 基础架构

银行构建面向业务的动态 IT 基础架构可以满足其对动态的低时延服务的要求，提升分析计算能力；同时，还可以引入外协机制，开展战略外包合作。

银行若想向智慧银行方向发展，则需要创建一种智能又安全、适应多变商业环境的灵活的 IT 架构，以满足来自不同部门、客户和合作伙伴的各种需求。

银行在部署动态的基础架构时，需要全面考虑如何提高服务和降低成本等。图 10-9 所示的 8 个技术层面的全盘计划和部署尤为重要。

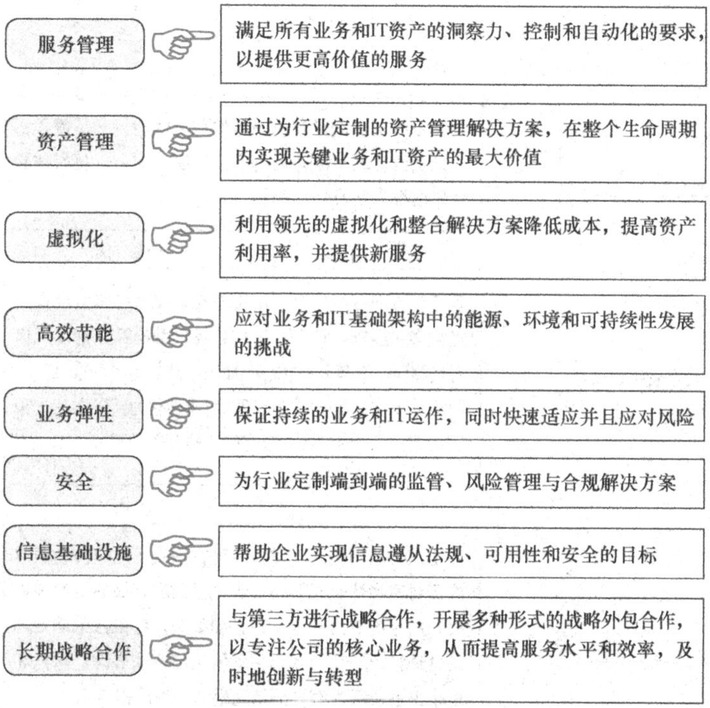

图10-9　8个技术层面的计划

10.6　智慧银行体验网点的建设

智慧银行的建设是一项内涵丰富、内容广泛、涉及领域众多的工作，如何建设智慧银行是一个大课题，而智慧银行体验中心集合技术、业务创新的精华，是未来的发展方向，更是对外加强产品建设、对内提升自身经营管理水平的实践基地。

10.6.1 智慧银行网点的典型特征

智慧银行网点应包含图 10-10 所示的几个典型特征。

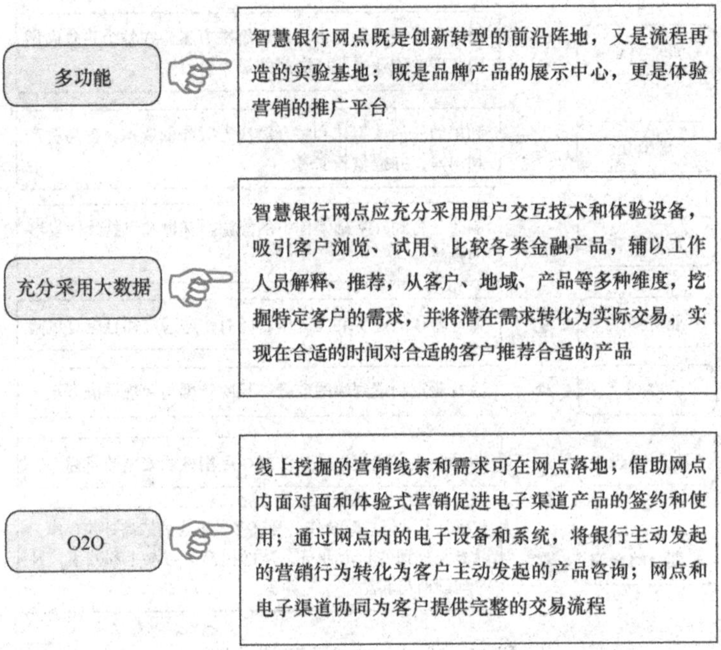

图10-10 智慧银行网点的典型特征

10.6.2 智慧银行体验网点的定位

智慧银行体验网点的建设旨在为银行新技术、新产品提供展示中心，集中展示银行金融业务的创新成果，对全行业起到辐射和示范的作用。智慧银行体验网点成为成果共享平台，是对新技术、新产品转化为生产力的实践检验，同时也是银行对外宣传的重要窗口，可以提升银行的整体形象。智慧银行体验网点的定位见表 10-3。

表10-3 智慧银行体验网点的定位

对内定位	对外定位
① 共享创新成果。集总行、分行创新成果于一体，促进全行系统内的交流，共享创新成果。 ② 验证创新产品。在论证阶段将创新成果通过网点投向市场，引入实践检验并验证创新产品是否具备全行推广或在某些特定金融环境中推广的可能。 ③ 网点建设典范。从硬环境和软服务两方面建立银行网点模板，成为银行网点的建设典范	① 对外宣传窗口。提升银行面向公众的窗口形象。 ② 对外交流中心。在未来银行产品展示中引入与高新技术企业的合作，通过展示概念性金融创新产品加强对外交流。 ③ 产品体验中心。为客户营造舒适的体验环境，挖掘潜在客户，收集客户反馈，提升银行的创新水平

10.6.3 建设时要分阶段进行

由于建设智慧银行体验网点涉及范围广、领域多，加之创新产品升级换代速度快等因素，银行应立足现状，细化阶段性目标，采用“快速见效、稳步推进”的实施策略。智慧银行应集中展示银行已有的产品，同时搜集、筛选在研产品和概念产品，逐步丰富体验中心的内容；一边建设、一边完善，抢占先机，保持对新产品、新技术的响应速度。智慧银行具体可以分以下两个阶段完成实施。

10.6.3.1 近期目标

近期目标是实现现有及在研产品的体验，确定对外宣传、成果共享、产品验证、客户体验的定位。

银行可选择一家能满足项目具体实施要求的网点，进行全方位的装修和改造，使之能在较短的时间内从一个普通的营业网点转变成智慧银行体验中心，并将目前已有和正在研发的科技产品选择性地部署到体验中心，把体验中心建设成为能够大幅度提升银行科技形象、树立良好品牌口碑、引发一系列营销效应的网点旗舰店。

10.6.3.2 远期目标

远期目标是加入概念性产品的体验，实现网点典范、对外交流的定位。

远期目标要在近期目标的基础上，逐步引入更多概念性、超前性的产品，让公众可以了解银行未来的业务、科技发展的动向，以进一步提升银行的品牌形象。同时，体验中心将包含创新基地的功能，成为银行创新培训基地及业内外参观学习的窗口。

10.6.4 网点选址

网点选址应考虑如图 10-11 所示的因素。

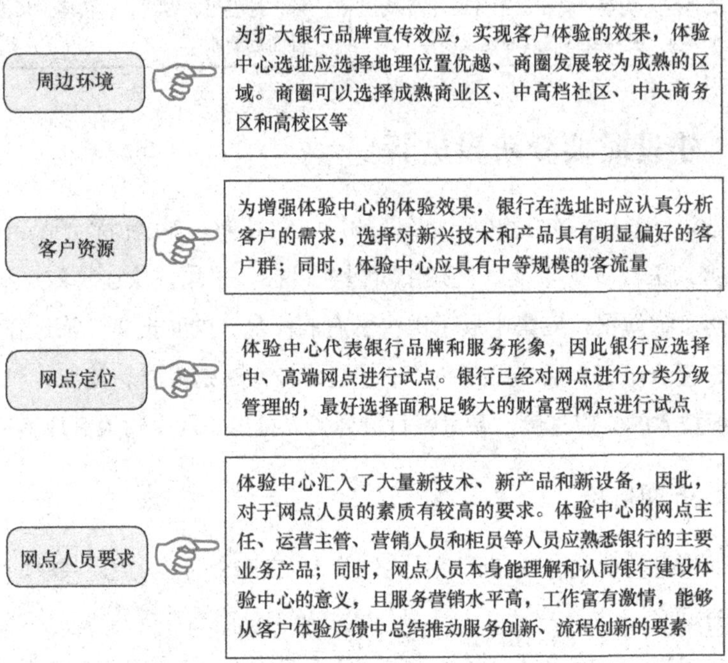

图10-11 网点选址的因素

10.6.5 网点分区及重点产品

智慧银行体验中心根据功能分为 6 个区，分别为：迎宾区，主要功能是客户识别、业务引导分流、形象展示等；展示等候区，功能是受理业务的预处理，通过先进的科技手段展示银行各种金融服务方案，对现有产品进行宣传，进而提升客户体验；体验区，功能是让客户体验银行的相关产品；柜员及远程视频柜员机区，功能是人工协助客户办理业务，主要提供传统的高低柜服务及远程视频柜员机服务；自助银行区，功能是提供先进的自助设备为客户提供服务；贵宾服务区，功能是使用先进直观的系统吸引贵宾客户并提供有针对性的服务，为贵宾客户提供专属服务。

6个功能区互为补充，采用“虚实结合”的方式全面地展示了银行的创新成果，并为客户提供全面的、先进的金融服务，让客户能够切实体验金融服务的创新对生活的改变。

银行在智慧银行体验中心可布放以下产品。

① 已有产品：为客户提供真实服务和产品在线展示。

② 在研产品：业务流程创新和新产品试点；原型体验和客户行为观察。

③ 未来产品：尖端科技与金融服务的结合，体现银行服务理念和未来创新方向。

10.6.6 保障机制

在智慧银行体验中心的建设中，技术创新、技术展现手段是外在表现的形式，是引领业务创新的基石。管理水平的提升是内涵，是支撑传统银行走向智慧银行的核心。智慧银行体验中心的建设和运营需要有一套完善的保障机制。

10.6.6.1 建设机制保障

1. 总分行协同工作机制

智慧银行体验中心的建设工作涵盖网点建设、产品创新、系统建设等多个方面，是一项复杂的系统工程。银行可参照项目管理流程，综合评估时间、范围、成本、质量、风险等多方面因素，严格遵循标准的项目管理规定，按时保质地推进各项工作的落实。

体验中心建设团队涉及各级部门，银行可在成立专职团队的基础上，形成通畅、高效的沟通机制，利用集中办公、工作例会、定期汇报等方式，确保团队间的信息共享和各项任务的上传下达。

2. 资源配置保障

为确保智慧银行体验中心尽快建成，总行在网点资源配置上应给予足够的保障。

① 智慧银行体验中心的办公场所宜采取购置方式，可开辟绿色通道进行项目

立项审批，单独匹配固定资产指标，不占用网点建设固定资产指标；如果采取租赁方式则有可能超过分行权限，需要总行进行项目立项审批，单独匹配购置、建设费用。

② 网点布局和装修设计方案是网点建设的关键之一。银行宜引入“外脑”，委托专业的咨询公司和设计公司完成网点的设计工作。网点各种新设备的采购工作宜采取特事特办的采购流程。

③ 智慧银行体验中心在设计装修上应有别于一般网点，装修质量和标准应高于普通网点，因此，银行在网点装修造价上可适当提高上限要求，或者单独针对体验中心匹配相关的费用。

3. 人力资源保障

智慧银行体验中心的人员配备也不同于一般网点，银行对体验中心的各岗位人力需求应给予特殊考虑。特别是对于体验中心的新技术、新产品，应指定相关专业项目团队定期进行现场支持；同时，智慧银行体验中心需要增配一定数量的服务人员。由于智慧银行体验中心承担了银行未来发展的重要职能，银行也应该适当提高该网点人员的薪资。

银行需要对相关人员进行必要的培训。首先，由于网点人员对于新产品、新技术的接受程度还需要一定的适应时间，因此总行可以定期对网点人员组织培训，提高其应用新技术、新设备和推介新产品的能力。其次，由于体验中心承担了客户调查、搜集信息等任务，因此，银行应该对网点人员加强市场调研培训工作，以提高他们调研和信息反馈的能力。

10.6.6.2 运营机制保障

（1）网点管理

智慧银行体验中心在布局设计、业务办理等方面均有别于一般网点，总行宜单独制订网点内部的各项管理办法和规章制度，确保网点运作机制符合其职能要求。

由于产品技术更新换代较快，网点的各项设施应具备灵活拓展性和局部可调性，以保障网点内的产品、设备能够快速更新。另外，网点装修应紧跟技术变革，银行宜适当提高装修频率。

（2）绩效考核

由于智慧银行体验中心承担了智慧银行、产品创新实验等新的职能，因此银行在绩效考核方面最好能区别对待。银行宜针对该网点，明确在体验和创新工作方面的绩效考核指标，并增加一定的考核费用；同时，宜减轻网点在各项业务上的考核任务。特别是对于未来要建设的概念展示店，更需要减轻业务指标的考核，因为网点人员将承担大量的产品创新实验和客户体验工作。

（3）共享平台

为及时更新及发布银行的产品创新成果，银行应以智慧银行体验中心为依托，建立全行特别是各分行创新成果的汇总和采集机制，形成创新产品库，为智慧银行体验中心提供源源不断的新产品和新创意。

在保障创新产品来源的基础上，银行应在产品筛选、产品部署、系统支持等方面建立配套的工作流程和长效机制，确保新产品在智慧银行体验中心能够顺利落地。

为使智慧银行体验中心具备对外交流、对内培训的职能，银行应制订相应的流程，在保证体验中心正常运营的基础上能够将创新成果辐射到全行乃至全社会。

（4）绿色通道

① 智慧银行体验中心引入新技术、新产品，会对现有的运营流程产生一定的影响，因此，银行应提前梳理流程，创新或突破现有的运营制度。

② 银行需要建立由网点至总行的信息反馈绿色通道，以便将智慧银行体验中心收集的试点效果、客户建议及时反馈给有关部门。

③ 客户在体验和购买银行新产品后，可能会提出疑问和质疑。针对客户的意见或投诉，银行应建立从总行到网点的应急保障机制，并联动客服中心等相关部门，从上至下建立“绿色通道”，对于客户提出的问题，快速给予响应。

第三篇

案 例 篇

第11章

“金融+科技”的小微信贷创新模式

小微信贷的业务风险不可控、运营成本高、难以规模化，面对小微企业“融资难”这一难题，商业银行始终踌躇不前。在传统信贷技术无法满足现有需要的当下，深圳前海大数金融服务有限公司（以下简称“大数金融”）与合作机构开始积极探索小微信贷业务的创新模式。

11.1　“金融+科技”的变革

2017 年，大数金融与某城商行开展合作，通过“金融 + 科技”的变革思路，优势互补，并依托商行的本地优势，以大数金融首创的第三代小微贷款技术为核心，共同研发了小微信贷业务体系。该体系从智能获客、高效运营、全流程信贷周期风险管理等方面全面创新，为小微客户提供更加多元化、立体化、自由度高、普惠力度大的金融服务体验。

小微信贷的客户群体主要是微型企业主、个体工商户、经营业主等小微企业客户。

截至 2019 年第一季度末，大数金融与某城商行的合作业务累计为小微企业提供授信资金 15.3 亿元，为约 5000 家小微企业、个体商户提供了支持，有效地缓解了小微企业“融资难”的困境。

传统银行将科技深度融入业务发展，同时，金融科技也成为银行创造利润的关键。大数金融与某城商行合作研发的小微信贷业务体系已运行了两年多，资产质量表现稳定，具有较强的可复制性及市场推广性，一定程度上缓解了当地小微企业客户融资难的困境。

11.2 小微信贷案例解析

11.2.1 研发背景

一直以来，个体工商户、经营实力稍弱的小微企业都容易深陷“融资难”的困境。为了有效缓解这一状况，2017 年，大数金融与某城商行共同研发了小微信贷业务体系。该体系打破了大部分传统银行的重抵押、重担保的限制，有效解决了小微企业缺乏足值有效抵押、可用担保渠道不足等难题，为普惠金融可持续化发展找到了一条可行之路。

11.2.2 产品介绍

经过前期调研和分析，相关人员发现当地银行面向的小微企业客户主要以微型企业主、个体工商户等为主，所覆盖的行业主要包括制造加工、生活服务和畜牧养殖等，因此，在研发产品时，大数金融和某城商行非常注重对特色产业、客户特殊需求的挖掘和深耕，围绕当地特色产业，面向不同行业、特点和金融需求的小微企业的客户，针对性地推出了包括无担保小微贷、保单贷、车易贷、农易贷、居易贷、租金贷等在内的 60 多款特色的贷款产品。

11.2.3 工作流程

第三代小微贷款技术将流水线的管理方式应用到贷款业务上，如图 11-1 所示，将全流程细分为几十道工序，依靠客观数据进行风险管理，这样不仅有效提高了作业效率，而且控制了作业成本。同时，小微信贷业务流程中引入人工智能技术，以评分卡等风险工具为核心，实现整体业务流程更高程度的自动化和智能化。

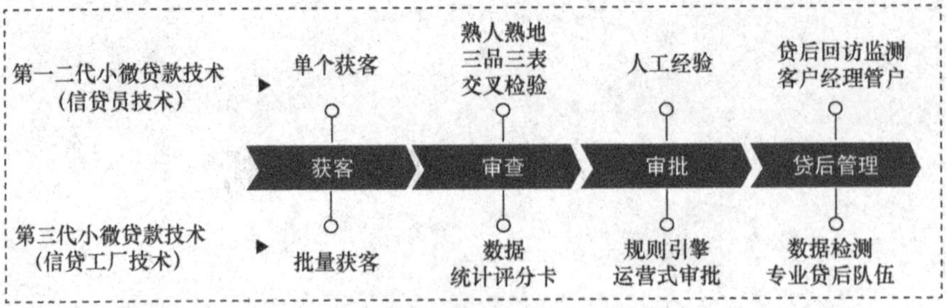

图11-1　第三代小微贷款技术创新性流程

信贷体系的操作流程分为：贷前，风险识别（智能获客、身份验证及资料核实、征信查询、系统评分、面签等）；贷中，信用评估（评分卡评分、动态风险政策、审批放款）等；贷后，风险管理（客户追踪和检查、贷后监控、纸质档案管理等）。

11.2.4　市场定位

根据市场状况及需求，小微信贷业务体系定位于小微企业主群体，满足小微企业主扩大再生产、经营周转等日常需求。该体系聚焦无法被传统金融服务覆盖的群体，同时，可充分发挥流水线作业的高效模式，真正满足小微企业对“短、频、快”资金的需求。

11.2.5　产品创新

小微信贷业务体系推出的无担保小微贷的产品具有审批快、流程短、手续简、金额大等特点。而且，有别于银行传统的信贷产品，无担保小微贷产品的金额在50万元以下，贷款期限为1～3年，采用纯信用的担保方式。该产品采用按月等额本息还款法，一方面贷款余额逐月减少，另一方面能让风险尽早暴露，使得风险控制在可控范围内；同时，又不同于市面常见的几千元甚至数万元的信用贷款，这一相对大金额的信用贷款能真正帮助到小微企业主。

11.2.6　特色及成效

小微信贷业务体系的流程化的运营效率高，所有贷款流程在1～3天可以完成，充分发挥了"审批快、流程短、手续简"的优势。

11.2.7 风险防控

大数金融的第三代小微贷款技术采用数据驱动的风险管理方法，这一方法常见于较小金额的信用卡消费信贷业务，被应用在大金额、纯信用、经营性小微贷款上尚属首创。在具体做法上，小微信贷业务体系采用"政策 + 评分模型 + 策略"三大决策引擎，主要基于客户的征信报告以及第三方的客观数据，对高风险客户、优质客群等客户进行评分。每个月、每个季度，该体系都会分析已发放的贷款，并分析不同月份发放的贷款在整个 36 期的全周期内的逾期率的表现。

金融科技是当下解决普惠金融、突破小微企业融资难题的根本性手段。大数金融的"金融 + 科技"的小微信贷创新模式是运用科技手段提升效率、降低成本、再造信贷业务模式的代表之一，也是普惠金融能更高效地服务于小微企业、实体经济的积极探索与实践。其运营模式如图 11-2 所示。

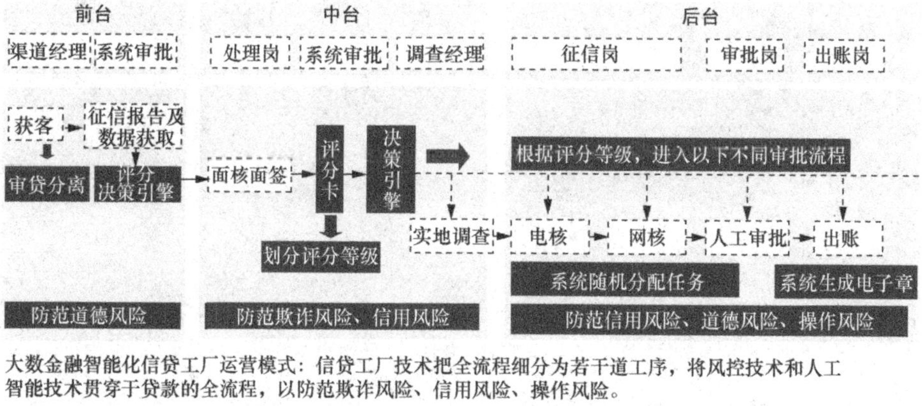

图11-2 大数金融智能化信贷工厂的运营模式

未来，大数金融将继续深入创新探索，实现金融服务的多元化、场景化，并且通过金融与场景的整合，进一步提升价值流转的效益，全面践行普惠金融。

参考文献

[1] 李晓雯，海峰．基于 AHP 层次分析法的物联网金融安全系统构建 [J]. 2017（12）：64-67.

[2] 中国人民银行广州分行课题组．中关金融科技发展的比较与启示 [J]. 南方金融，2017（5）：3-9.

[3] 董希淼．智能金融——科幻小说还是现实生活 [J]. 大众理财顾问，2017（9）：12-13.

[4] 乔海曙，王鹏，谢姗珊．金融智能化发展：动因、挑战与对策 [J]. 南方金融，2017（6）：3-9.

[5] 李伟．金融科技发展与监管 [J]. 中国金融，2017（8）：14-16.

[6] 韩志雄，冯学奋，赵权．智慧金融的产生、发展与前景探析．海南金融，2018（8）：19-28.

[7] 程东亮．人工智能在金融领域应用现状及安全风险探析 [J]. 金融科技时代，2016（9）：47-49.

[8] 中国人民银行武汉分行办公室课题组，韩飚，胡德．人工智能在金融领域的应用及应对 [J]. 武汉金融，2016（7）：46-47+50.

[9] 吴俊，陈亮，高勇．国外人工智能在金融投资顾问领域的应用及对我国启示 [J]. 金融纵横，2016（6）：88-92.

[10] 方献梅，刘亮龙，高晓波．大数据时代数据挖掘在证券公司客户关系管理中的应用研究 [J]. 信息与电脑（理论版），2015（15）：64-65.

[11] 吕雄伟，张红历，李军，等．基于大数据的融资融券信用风险评估指标研究 [J]. 现代商业，2016（23）：88-92.

[12] 蔚赵春，凌鸿．商业银行大数据应用的理论、实践与影响 [J]. 上海金融，2013（9）：28-32.

[13] 蒋耀萱．大数据时代我国商业银行风险管理的问题研究 [J]. 金融视线，2015（6a）：85-88.

[14] 游新华．大数据时代下商业银行内部审计的机遇与挑战．时代金融，2017（20）：110-111.

[15] 叶秀敏 . 智慧金融的特征及与传统金融的区别（J）. 信息化建设 . 2012（9）: 28–31.

[16] 刘瑜恒，周沙骑 . 证券区块链的应用探索、问题挑战与监管对策 [J]. 金融监管研究，2017（4）: 89–109.

[17] 崔阿悦，谭潇曼，衣佳伟 . 基于区块链的互联网金融发展研究与分析 [J]. 经营管理者，2017（6）: 24.

[18] 姚国章，吴春虎，余星 . 区块链驱动的金融业发展变革研究 [J]. 南京邮电大学学报（自然科学版），2016（5）: 1–9.

[19] 韩梅 . FinTech 的创新与变革分析 [J]. 创新科技，2016（6）: 57–60.

[20] 徐若瑜 . 区块链对互联网金融的影响及应用 [J]. 财会通讯，2017（26）: 94–97.

[21] 隋菱歌，陈佳音 . 基于物联网与云计算技术发展智慧金融（J）. 长春金融高等专科学校学报 . 2013（3）: 61–65.

[22] 陈如钢 . 云计算技术在证券行业的应用探索 [J]. 中国科技信息 2013（11）: 121–122.

[23] 王良明 . 云计算通俗讲义 [M]. 电子工业出版社，2017. 5.

[24] 程东亮 . 量子通信技术及其在金融领域的实践与思考 [J]. 网络安全技术与应用 . 2018（5）.

[25] 韩浩 . 大数据技术在商业银行中的运用探讨 [D]. 苏州大学，2014.

[26] 岩峰 . 大数据技术在银行贷后管理中的应用分析 [D]. 新疆大学，2017.

[27] 唐铎 . 国际贸易融资中大数据技术应用的可行性分析 [D]. 西南财经大学，2016.

[28] 张洋 . 大数据时代商业银行营销策略研究 [D]. 河北金融学院 . 2016.

[29] BR 互联网金融研究院 . 互联网金融报告 2017[M]. 中国经济出版社，2017.3.